刊行にあたって

　本論文集は，「新・アジア家族法三国会議」における貴重な報告・議論を踏まえた共同研究の成果をまとめたものである。
　この「新・アジア家族法三国会議」は，日本・韓国・台湾の三国間で，家族法における重要なテーマを選定し，各国の学界・実務界から最適な報告者に個別報告をいただき，議論を行う国際会議である。前身である「アジア家族法三国会議」は，1983年から2009年まで23回にわたり開催され，その充実した報告や討議の積み重ねは，三国の家族法制度に関する研究・実務に多大なる貢献を果たしてきた。
　その後，三国を含めたアジア諸国における情勢の変化，家族法や周辺制度をめぐる改正，司法改革の動きと連動した法学教育における変革，研究者等の世代交代等を踏まえ，この会議の持続的発展を目指し，新たな企画・運営委員会を設置し，2011年から新生会議としてスタートを切ったものである。
　本書に収録した研究のもととなった第12回新・アジア家族法三国会議は，2023年11月25日，台湾・新北市の輔仁大学にて開催された。その際のテーマは，本書タイトルにもあるとおり「有責配偶者からの離婚請求」である。テーマ選定の趣旨と個別報告の詳細については，本書内の各論稿をご精読いただきたい。
　各国の研究者・実務家による紹介と比較研究によってそれぞれの課題を検討することで，三国が相互理解を深め，将来の理論や実務及び制度改革に寄与をしたいという願いから選定された本テーマのもと，会議当日は，充実した報告と，熱のこもった活発な議論が展開された。
　この会議を基礎とした共同研究の成果を本書に収めることにより，より多くの方々に新・アジア家族法三国会議の意義や充実した報告や討議の内容を理解していただき，各国の法制度へのさらに深い理解や将来への課題を共有していただけること，ひいてはアジア諸国において同様のテーマの検討がなされる際に，共同研究の成果を広く参酌することができるよう，心から願うものである。
　最後に，本書刊行に当たって多大な貢献，ご協力を賜った執筆者・翻訳者・編集者をはじめとする全ての皆様に，心より感謝を申し上げる。
　新・アジア家族法三国会議が，今後も，より多くの方々の参加を得ながら発展し，アジアの家族法制度の研究・教育・実務の一層の充実と発展にいくらかでも寄与できることを願ってやまない。

2024年9月

「新・アジア家族法三国会議」運営委員会

i

目　次

刊行にあたって ———————————————————————— *i*

企画の趣旨 ————————————————— 鄧　學　仁……… *1*

第1章　台湾における有責配偶者からの離婚請求

第1節　有責配偶者の離婚請求に関する法制
　　　　——現行法の立法的沿革，規定，特色及び展開— 戴　瑀　如……… *5*

第2節　有責配偶者の離婚請求に関する裁判実務とその問題
　　　　——憲法法廷2023年憲判字第4号判決の評釈及び影響
　　　　—————————————————————— 魏　大　喨…… *31*

第3節　有責配偶者の離婚請求に関する法制の改正と課題
　　　　——破綻主義における別居の導入と苛酷条項に関する検討
　　　　———————————————————— 呂　麗　慧…… *65*

第2章　韓国における有責配偶者からの離婚請求

第1節　有責配偶者からの離婚請求
　　　　——韓国民法の規定とその特徴—————— 文　興　安…… *93*

第2節　韓国における有責配偶者からの離婚請求
　　　　——判例の立場とその変遷を中心に———— 禹　柄　彰…… *103*

第3章　日本における有責配偶者からの離婚請求

第1節　有責配偶者からの離婚請求に関する判例と
　　　　解釈について————————————— 小川　富之…… *121*

第2節　日本における有責配偶者からの離婚請求に関する
　　　　裁判実務と問題————————————— 大森　啓子…… *131*

総　　括 ————————————————— 林　秀　雄… *145*

サ　マ　リ ———————————————————— *149*

執筆者一覧

企画の趣旨　鄧　學　仁（TENG, Shyue-Ren ／中央警察大学教授）

第1章
　　第1節　戴　瑀　如（TAI, Yu-Zu ／国立政治大学法学院教授）
　　第2節　魏　大　喨（WEI, Ta-Liang ／最高法院法官兼部総括）
　　第3節　呂　麗　慧（LU, Li-Hui ／国立高雄大学法律学系教授）

第2章
　　第1節　文　興　安（MOON, Heung-Ahn ／建國大学校法学専門大学院名誉教授）
　　第2節　禹　柄　彰（WOO, Byoung-Chang ／淑明女子大学教授）

第3章
　　第1節　小川　富之（OGAWA, Tomiyuki ／広島大学法科大学院客員教授）
　　第2節　大森　啓子（OMORI, Keiko ／弁護士）

総　括　　　林　秀　雄（LIN, Hsiu-Hsiung ／輔仁大学法律学院栄誉講座教授）

第1章日本語作成
　　　　　　小林　貴典（KOBAYASHI, Takanori ／台北大学法学部助理教授）
第2章日本語作成
　　　　　　金　亮　完（KIM, Yanwan ／大阪経済法科大学法学部教授）

企画の趣旨

　韓国・日本・台湾における裁判上の離婚原因には，具体的事由と抽象的事由という二種類が設けられている。そして，抽象的事由として，三国ともに「婚姻を継続（維持）し難い重大な事由があるとき，離婚の訴えを提起することができる。」（台湾民法第1052条第2項，同旨・日本民法第770条第1項第5号，韓国民法第840条第6号）と定めている。しかし，韓国・日本と異なり，台湾法の抽象的事由には，ただし書の離婚制限があり，すなわち，「ただし，その事由が夫婦の一方によって責任を負われるべきときは，他方のみが離婚を請求することができる。」（台湾民法第1052条第2項ただし書き）と定めている。一般に，このただし書の離婚制限を消極的破綻主義と呼び，これに対して離婚制限が無いものを積極的破綻主義と称している。

　台湾の裁判上の離婚事由には，このただし書の離婚制限があるために，台湾の最高裁判所2006年第5回民事法廷会議および2014年度台上字858号民事裁判では，「民法第1052条第2項による『婚姻を継続し難い』というのは，破綻主義の思想を導入したものであり，その判断基準は，婚姻にすでに破綻を生じていて回復させる希望があるか否かにあるのである。そして，その客観的基準つまり婚姻を継続し難い要件事実とは，いかなる人でももし同じ状況に至れば，婚姻を継続する意欲を喪失する程度に達することを指している。

　一方，『その事由が夫婦の一方によって責任を負われるべきときは，他方のみが離婚を請求することができる。』という規定は，一般に，ただ責任を負うべきでない一方配偶者の公平のために設けられたものにすぎないと考えられる。そこで，婚姻を継続し難い重大な事由につき，夫婦双方いずれによっても責任を負われるべきときは，夫婦双方の有責程度を総合的に参酌すべく，責任の軽い一方のみが，責任の重い一方に裁判上の離婚を請求することができ，夫婦双方の有責程度が同じである場合には，夫婦双方がいずれも離婚の訴えを提起することができることにより，初めて公平に合致するといえる」としている。

　これに対して，韓国法・日本法における裁判上の離婚の抽象的事由には，前述した台湾法のようなただし書の離婚制限が設けられていない。これは，韓国・日本の有責配偶者が責任の軽重を問わずにいずれも裁判上の離婚請求ができることを意味していると考えられる。これについて，まず，韓国の司法実務では，原則として有責主義を採用してきた。その後，韓国の判例は離婚請求の相手方の婚姻継続の意思の有無に関する事情（離婚請求の相手方の事

1

情）を考慮していたが，近年の判例は「有責配偶者からの離婚請求を許容するか否かを判断するに当たり，婚姻生活の破綻に対する有責性がその離婚請求を排斥しなければならない程度には残っていないという特別な事情」（韓国大法院2009年12月24日判決），すなわち，離婚当事者双方の事情を考慮している。

　また，日本の判例では，韓国と同じように原則として有責配偶者からの離婚請求は認められないが，例外として，一定の条件で有責配偶者からの離婚請求は認められる（最大判昭和62年9月2日民集41巻6号1423頁），とした。その判決の後の許容される基準は，別居状態の相当な期間の経過，子どもが成人していること（未成年の子どもがいても離婚を認めた判決もある），財産分与など，相手方（主に，妻）の生活維持について誠実な配慮，妻に経済力がある，など，離婚が弱い立場の一方配偶者の生活を脅かさないことである。

　以上の三国における裁判上の離婚事由から分かるように，韓国・日本ともに今は，一定の条件のもとに有責配偶者からの離婚請求が認められるので，完全な破綻主義を採用してはいないようである。そして，台湾の憲法裁判所も，前述した現行法第1052条第2項のただし書の規定が，原則として憲法により保障される婚姻の自由という趣旨に違反しないと認められる。しかし，一律に有責配偶者からの離婚請求は認められないことは，もし，顕著な過酷な事情をもたらすケースになれば，憲法により保障される婚姻の自由という趣旨に合致しないとしている。これで分かるように，現行法の裁判上の離婚事由が時代の変化につれて調整しなければならないと思われる。

　ところで，婚姻は，永久に共同生活を行うことを目的とする感情の結合であることに鑑みて，この目的を達成することができないときは，ただ形骸のみにすぎない婚姻を維持する必要はないと思われる。しかし，どのような場合に婚姻を継続し難いと言えるかについては，やはりそれぞれに対応する周辺の様々な措置によって明確にしなければならない。

　したがって，今回の会議においては，裁判上の離婚に関する現行法制とその特色，有責配偶者からの離婚請求に関する裁判実務とその問題点，破綻主義を導入する別居制度と苛酷条項の見直し，有責配偶者からの離婚請求に関する法制の改正とその課題について共同研究を行う。

　　2024年8月

　　　　　　　　　　　　　　　　中央警察大学教授　鄧　學　仁

第 1 章

台湾における有責配偶者からの離婚請求

第1節

有責配偶者の離婚請求に関する法制
——現行法の立法的沿革，規定，特色及び展開

戴　瑀　如

訳：小林　貴典

概　要

　本稿は3つの部分により構成される。まず，台湾の離婚法制における過失主義から破綻主義への変遷について説明する。伝統的な封建主義・父権主義社会における離婚法は，過失有責主義，家族団体主義及び夫権優先主義により構成されていた。現行民法は，男女平等の重視の下，個人主義的色彩を有する有責主義から出発して，破綻主義の方向へと展開している。次に，有責配偶者の離婚請求に関する現行法の規定を分析する。破綻主義の下で，公平を図るために有責配偶者の離婚請求を禁止する規定について，裁判実務はこれを拡張的に適用し，婚姻破綻について双方に責任がある場合には，その責任の軽重を比較して，責任がより重い者は離婚を請求することができないものとしてきた。結果として台湾社会における裁判離婚に多大な影響が及び，当事者や裁判官が憲法法廷に当該規定の違憲審査を求めることとなった。最後に，有責配偶者の離婚請求に関する展開として，憲法法廷2023年憲判字第4号判決の内容について検討するとともに，その司法及立法に対する影響について述べる。

第 1 章　台湾における有責配偶者からの離婚請求

I　有責配偶者の離婚請求に関する立法的沿革

1　伝統的な封建社会と家父長制における離婚法－家族団体思想，夫権優先主義を背景とした過失有責主義の離婚法

　中国の伝統的な封建社会においては，家父長制と夫の優位性の下で，夫が理由もなく妻を家から追い出すことが多く，強者が弱者を遺棄するという社会秩序であった。この弊風を是正するため，国家はまず礼教をもって，後には律例をもって，理由なき妻の遺棄を禁止し，「棄妻」（七出三不去），「義絶」及び「和離」という 3 つの離婚の形態により，離婚を制限した。

　まず，「棄妻」は夫が一方的に妻を離縁する場合に関する規定であり，妻が夫の家から理由なく離縁されることを防ぐため，礼教及び律例は，夫の家が妻を離縁することができる妻の側の 7 つの有責事由〔七出〕を定めるとともに，妻に「三不去」の事由があるときは妻を離縁することができないものとして，弱者たる妻の保護を図った。「七出」の事由は，子がないこと，淫乱であること，舅姑に仕えないこと，多言であること，盗癖のあること，嫉妬深いこと，悪疾のあることの 7 つである[1]。「三不去」の事由は，妻が舅姑の喪を果たした場合，結婚時に貧しく後に裕福になった場合，妻に帰る家がない場合，である[2]。

　次に，伝統法における「義絶」とは，夫婦の感情が疎遠になり，義が絶たれた場合，夫婦関係の維持は容認されず，裁判を司る官府〔衙門〕が判決により離婚を強制した。義絶の事由は唐律と清律で異なり，後者は時代とともに若干緩和されている[3]。義絶の事由はそのほとんどが有責主義，家族団体思想や家父長制に基づくものであり，大きく次の 3 つに分かれる。第 1 は，夫が犯した行為であり，妻の父方祖父母・父母に対する暴行，妻の母方祖父母・おじおば・兄弟・姑・姉妹の殺害，妻の母との姦通がこれに当たる。第 2 は，妻が犯した行為であり，夫の父方祖父母・父母に対する暴行・侮辱，夫の母方祖父母・おじおば・兄弟・姑・姉妹を殺傷すること，夫の緦麻以上の親族と姦通すること，夫を害しようとすることがこれに当たる。第 3 は，夫婦の近親間で生じた行為であり，夫と妻の祖父母，父母，おじおば，兄弟，姑，姉妹の間での殺害行為がこれに当たる。

最後に，伝統法上の「和離」とは，現行民法における協議離婚〔原文：両願離婚〕に当たるもので，夫婦双方の合意により夫婦の身分関係を解消するものである[4]。和離は清代に至ると「両願離」と称されるようになる。しかし，和離の性質は民法上の協議離婚とは異なる。協議離婚は，人格の独立性に基づき，男女が平等な立場で婚姻を解消するものであるのに対し，伝統法における和離は，妻が夫の家に入って，その地位が低下しているため，平等な立場で離婚することはできず，夫が妻に家を離れるよう迫った結果として，妻を棄てる口実として利用されることが多かった[5]。

伝統的な封建的家父長制社会において，結婚とは，上へは祖先の供養〔事奉宗廟〕，下へは子孫の確保〔傳宗接代〕を中心とするものであった。そのため，伝統法上の離婚事由を見ると，一方的離婚の七出の事由は，女性に対する男性の優位性，妻の過失・有責性，夫の家の名声を傷つけたことに基づき，夫の家が一方的に妻を追い出すものであった。義絶の事由においては，夫婦間の個人的事由は妻が夫を害しようとしたことのみであり，他の事由はすべて夫または妻による相手方の家族に対する侵害行為であるとともに，妻が犯した行為は夫のそれよりも重大なものであり，夫婦間で不平等となっている。このように，伝統法における離婚法は，過失有責主義，家族団体主義及び夫権優先主義から構成されるもので，人格の独立と男女平等を基調とする現代文明国家の離婚法とは大きく異なるものであった。

1930年に民法が制定される前に，ヨーロッパの男女平等思想の影響を受けた清朝政府は，宣統3年〔1911年〕に民律草案を起草しており，そこでは男女平等的な離婚法が芽吹いているが，清朝政府はその後すぐに滅びたため，これが公布施行されることはなかった[6]。民法が制定されるまでの裁判所の見解は，大理院の判例・解釈例に現れている。当時の裁判実務における離婚法では，男女平等の観念がわずかに存在しているものの，伝統法上の七出三不去や義絶の事由が時折現れていた[7]。

第1章　台湾における有責配偶者からの離婚請求

2　現行民法における離婚法—有責主義から破綻主義への段階的改正

(1)　個人主義的色彩を注入された有責主義と若干の無責事由

　近代ヨーロッパ的な男女平等・人格独立の思想は，清朝末期・中華民国初期の大清民律草案や大理院判例・解釈例に現れ始め，1930年の民法は，ヨーロッパの法制を継受して，男女平等と人格の独立性を基調とした。離婚法に関しては，伝統法と比較して3つの特徴がある。第1に，相互に平等な離婚請求権である。協議離婚については，男尊女卑の観念を排除して，人格の独立性を尊重し，夫婦双方の離婚の合意があれば足りるものとした。裁判離婚については，一方に裁判離婚の事由があれば他方は裁判所に判決離婚を請求することができる。第2に，個人主義的な離婚事由である。伝統法上の七出や義絶は，宗祧継承〔祖先の承継〕に対する妨害，家族の名誉の破壊や団体生活の妨げ等の事由を離婚事由としていたが，民法が定める裁判離婚の事由は，夫婦の一方が婚姻共同生活の幸福を妨げる場合に，他方が離婚を請求することができるものとしており，家族の名誉の破壊や団体生活の妨げ等とは無関係である。第3に，目的主義に基づく離婚事由である。民法が定める離婚事由は婚姻共同生活の破壊を主としており，民法1052条に列挙された10個の離婚事由は，過失がある場合に限られていない。姦通，重婚，虐待，相手方を殺害しようとすること等の過失有責主義的事由以外に，目的主義に基づくものとして，重大かつ不治の精神病，不治の悪疾，生死不明が3年を超えるとき等，婚姻共同生活を継続し難い場合にも離婚を請求することができるとされている。

　このように，1930年民法における裁判離婚の事由は，民法1052条が列挙する事由に限られていた。一方では，列挙された10項目の事由以外では離婚を請求することができないものとして離婚を制限し，他方では，婚姻共同生活の幸福のため，過失を要件としない3つの目的主義に基づく事由を設け，これらの事由による婚姻生活の妨げについて夫婦ともに過失がなくとも，裁判所に離婚を請求することができるものとした。

8

(2) 抽象的離婚事由の新設により離婚法は有責主義から破綻主義へと向かうが消極的破綻主義にとどまる

　1930年に民法が制定されて以降，台湾の家族・社会の構造は大きく変化し，個人主義が家庭に浸透し，女性の経済能力が向上した結果，婚姻家庭は安定したものではなくなった。粗離婚率は1947年の1000人当たり0.53から1971年には0.36に低下したが，その後年々上昇傾向を示している[8]。民法1052条の規定は10項目の離婚事由を列挙するのみであり，それが離婚の制限を目的とすることは明らかであるが，婚姻関係が破綻してその修復が望めない配偶者にとって，いたずらに形式上の婚姻関係を維持させることは，幸福な共同生活という婚姻の本質的目的に反するものである。このような観点から，立法院〔国会に相当〕は，1985年の民法改正の際に，男女平等を基礎として，民法1052条2項を新設し，「前項以外の重大な事由により，婚姻を継続し難いときは，夫婦の一方は離婚を請求することができる。ただし，その事由につき夫婦の一方が責を負うべきときは，他方のみが離婚を請求することができる。」と定め，離婚事由を拡大した。同項の立法趣旨は次のように説明されている。「裁判離婚の原因に関する旧法の規定は列挙主義を採り，本条が列挙する10種の原因のみに限定しており，離婚を制限する趣旨であることは明らかであって，厳格に過ぎる。現代の各国の立法例は，離婚事由を次第に緩和する傾向にあり，法定の離婚事由はないものの婚姻が破綻に瀕している場合を救済するために，概括主義を併用して実際の必要性に応じる立法例が多くなっている。そこで，より柔軟性を持たせるため，本条第2項前段の規定を新設する。また，離婚原因となった重大な事由につき夫婦の一方が責を負うべきときは，公平を期するため，他方のみが離婚を請求することができるとするのが妥当であり，但書の規定を設ける。」

① 限定列挙から抽象的事由への改正：離婚事由の柔軟化

　婚姻生活は極めて複雑であり，婚姻を継続し難い原因は無数に存在するため，これを網羅的に列挙することは困難である。例えば，夫婦の性格の相違，感情的要因，経済的状況，子どもとの関係や夫婦の職業など，いずれも婚姻共同生活に影響を与え得る。離婚は婚姻共同生活を継続することができない

ことを原因とする以上，この改正規定の趣旨は，離婚事由を厳格な限定列挙から，同条1項が列挙する10の事由に限られない例示的・一般的規定に改める点にある。これは，婚姻の目的に沿うものであり，肯定に値する。

　② 消極的破綻主義の確立─最高法院2006年度民事部会議決議

　民法1052条2項の規定は，台湾の離婚法を有責主義から破綻主義へと進ませるものであったが，同項但書は，公平を期するため，離婚を構成する重大な事由につき夫婦の一方が責任を負うべきときは，他方のみが離婚を請求することができるものと定めた。この規定は目的主義と過失主義の両者を採用しており，客観的目的主義を完全には採用していないため，消極的破綻主義と呼ばれる。しかし，夫婦双方がともに有責である場合をいかに扱うべきかについては議論がある。これについては，この規定の反対解釈によれば，夫婦の一方が責任を負うべき場合に当たらない以上，双方の有責性の程度を問わず，双方とも離婚を請求することができるのであり，離婚原因につき専ら責任がある配偶者のみが離婚請求を禁止されると解する見解がある[9]。しかしながら，最高法院2006年度民事部会議決議は，民法1052条2項但書を拡張解釈して，「夫婦双方が当該事由につき責めを負うべきときは，双方の有責性の程度を比較する。責任の程度が同等であれば，双方ともに離婚を請求することができる。双方ともに有責であり，責任の程度に軽重がある場合は，責任が軽い一方のみが離婚を請求することができ，責任が重い他方はこれを請求することはできない」とした。この決議は，裁判離婚事由に関する責任の問題について拡張解釈をし，裁判官が夫婦双方の有責性の程度を比較して，どちらが離婚を請求することができるかを主観的に判断するという考え方である。これは同項但書の条文とは異なる解釈であり，妥当か否か，検討の余地がある。

Ⅱ　有責配偶者の離婚請求に関する現行法の規定とその特色

　台湾の裁判離婚に関する規定には，厳格な列挙事由と例示的な一般的事由が含まれている。以下，それぞれにつき説明する。

1 民法1052条1項の規定

本項の規定は10個の具体的離婚原因を限定列挙するものであり，絶対的離婚事由とも呼ばれる。各号の要件を満たすときは，裁判官は離婚判決をしなければならず，裁量の余地はない。10個の事由の内，有責主義に基づくものは7つあり，その性質に応じて4つに分けられる。第1類は，配偶者間の貞操義務に反する重婚及び配偶者以外の者との合意に基づく性行為である。第2類は虐待に関するものであり，夫婦間の虐待と直系親族間の虐待がある。第3類は悪意の遺棄であり，同居義務の不履行及び扶養義務の不履行が含まれる。第4類は刑罰に関するものであり，相手方配偶者を殺害しようとしたこと，及び故意の犯罪により6月を超える有期刑に処せられたことである。他の3つは無責事由であり，不治の悪疾，重大かつ不治の精神病及び生死不明が3年を超えることである。

2 民法1052条2項の規定

1985年の民法親族編改正の際に2項の規定が新設され，「前項以外の重大な事由により，婚姻を継続し難いときは，夫婦の一方は離婚を請求することができる」と規定された。この規定は離婚制度につき破綻主義を採るように見えるが，但書では，「ただし，その事由につき夫婦の一方が責を負うべきときは，他方のみが離婚を請求することができる」と定められた。これはクリーン・ハンズの法理に基づき，専ら責任がある配偶者の離婚請求を否定するものであり，依然として配偶者の「有責性」を考慮している。この規定が有責配偶者の離婚請求を排除しているのは，自ら婚姻の破綻を招いた者がその破綻を理由として離婚を請求することは許されず，そうでなければ，恣意的な離婚を認めるに等しく，道徳に反し，国民感情や倫理観にそぐわないからである[10]。

第1項の絶対的離婚事由と比べると，本項の規定は相対的離婚事由であり，離婚の判断について裁判官の裁量の余地と柔軟性を認めると同時に，有責主義から目的主義へと移行するものである。ただ，1項と2項の関係については議論がある。2項が新設された後は，1項各号は2項の例示規定となり，

第1章　台湾における有責配偶者からの離婚請求

1項各号の離婚原因についても，婚姻を継続し難い場合にはじめて離婚を認めることができるとする見解もある。これに対して，多数説は，1項は列挙主義，2項は概括主義を採るものであって，1項各号の事由と2項とはそれぞれ独立の離婚事由であるとする[11]。実務も後者の立場である[12]。

また，婚姻を継続し難い重大な事由の有無については，婚姻が破綻して修復の見込みがないか否かを基準として判断されるが，主観的な基準ではなく客観的な基準，すなわち，同じ状況に置かれた者であれば誰もが婚姻を継続する意欲を失う程度に達しているかにより決定される[13]。

しかし，但書の規定があるために，裁判離婚において有責主義を排除することはできず，裁判官はやはり婚姻破綻についてどちらに責任があるかを判断しなければならない。つまり，裁判離婚においては，婚姻を維持し難い重大な事由の有無のほか，その事由につきどちらが責任を負うべきかも判断しなければならない。このとき，原告のみに責任がある場合，被告のみに責任がある場合，双方に責任がない場合，双方に責任がある場合などが考えられるが，被告のみに責任がある場合及び双方に責任がない場合には，裁判所は離婚を認めることができる。これに対し，原告のみに責任がある場合には，但書により，公平を期すため，原告の離婚請求は制限され，無責の配偶者は保護されることになる。

3　民法1052条2項但書に関する司法解釈—消極的破綻主義

婚姻を継続し難い重大な事由について双方に責任がある場合，但書の文言によれば，離婚を制限すべきではないことになる。しかし，学説においては，双方の有責性の程度を比較して，責任の軽い一方は責任の重い他方に離婚を請求することができ，双方の有責性の程度が同等であるときは，双方とも離婚を請求することができるものと解すべきとする見解があり[14]，前述のとおり，これが実務に採用された（最高法院2006年度民事部会議決議）。しかし，この見解は，原告の責任が被告より大きい場合も離婚が制限される範囲に含めるという点で，条文の文言を不当に拡張するものである。立法者は無責配偶者に対する公平のために破綻主義を制限したにすぎないにもかかわらず，裁

判実務の運用により，双方がともに有責である場合に有責性が大きい配偶者
は離婚を請求することができないものとされ，有責主義にとどまることと
なった。この点については，上述の見解は一方で破綻主義の自己否定であり，
他方で有責主義と破綻主義の欠点を融合させるものであり，裁判官は，離婚
の可否を判断するに当たり，婚姻破綻の程度を知るために当事者の婚姻関係
の細部に踏み込んで，個人のプライバシーに関わらざるを得なくなると指摘
されている[15]。その結果として，夫婦は法廷で互いのプライバシーを暴露
し合い，互いの非を非難し合うことで，有責性が小さいとの認定を得ようと
することになる。これでは破綻主義の目的を達成することができないばかり
か，互いの憎悪が深まり，平穏に別れることができず，夫婦に子どもがいる
ときにフレンドリー・ペアレントになることを期待することも難しくなって，
子の利益を損なうことになる。そのため，学説においては，台湾の離婚法制
は積極的破綻主義の方向に進むべきであり，客観的な別居条項を導入して，
一定期間の別居を婚姻破綻の事由とすることで，裁判所の事実審理を排除し，
当事者のプライバシーが侵害されないようにすべきであると主張されてき
た[16]。ただ，積極的破綻主義は女性に不利であるとして，これに反対する
者もあった[17]。

4 裁判実務における民法1052条 2 項の運用

　1994年から2022年までの地方法院における離婚事件に関する司法院の統計
によると，離婚事件は2,500件余りから7,000件余りに増加したのに対し，第
2 項の離婚はわずか29件から3,000件余りに増加している。第 1 項に基づく
離婚については，悪意の遺棄（数千件），相手方による虐待（数百件），配偶者
以外の者との合意に基づく性交（数十件），という 3 つの離婚原因にほぼ集中
している。こうした数字は，裁判離婚における民法1052条 2 項の重要性を示
している。2009年に民法に調停・和解離婚に関する規定が導入されたことも
あり，2007年以降は裁判離婚の件数は年々減少しているが，第 2 項に基づく
離婚請求が全体の半数を超えるようになっており，年々増加傾向にある。
2022年では，裁判離婚2,532件の内，第 2 項に基づく離婚が2,219件であり，

第1項に列挙された離婚事由が果たす役割は低下している。

当事者が民法1052条2項に基づいて離婚を請求する場合，裁判所は，まず，誰であっても婚姻を維持する意欲を失う程度に達しているかという客観的基準に基づき，婚姻を継続し難い重大な事由があるか否かを判断する。次に，最高法院2006年度民事部会議決議に従い，重大な事由につき双方とも責任があるときは，諸般の事情を考慮して責任の軽重を判断する。例えば，夫婦の一方が正当な理由なく別居を開始し，家に帰って共同生活を続けるための積極的意思疎通をすることがなかったために，婚姻関係を継続することができなくなったときは，有責性が重く，離婚を請求することはできないとされる（最高法院2022年度台上字第2873号民事判決）。また，婚姻中に第三者と不適切な関係にあり，貞操義務に違反した者は，その後徐々に生じた婚姻の破綻につき有責性が大きく，離婚を請求することはできないとされる（最高法院2020年度台上字第2607号民事判決）。

上述の要件の下で行われる裁判実務においては，当事者に次のような影響が生じる。原告も被告も訴訟において，婚姻破綻の原因となり得る各種の事由，及び破綻の原因が相手方にあることについて，関連証拠を挙げてお互いを攻撃し合うため，離婚訴訟を終えた後，平穏に別れてフレンドリー・ペアレントになる可能性は大きく低下する。また，裁判官にとっては，抽象的離婚原因を審理するに当たり，夫婦双方の私生活に立ち入って，婚姻を維持することができない客観的基準に達しているかを判断しなければならず，さらに双方の有責性の程度を明らかにするためには，個人的習慣にまで至る夫婦生活の細かな点まで調査する必要に迫られることとなり，プライバシーを過度に侵害する可能性がある。

5 他の請求権に対する有責主義の影響

台湾法の有責配偶者の離婚請求の制限に関する規定は，有責主義から破綻主義へと向かう中で公平性を維持するために設けられたものであるが，この規定により，裁判所は婚姻破綻につき夫婦に責任があるかを認定しなければならないことになる。その認定の結果は，離婚を認めるか否かのほかに，実

第1節　有責配偶者の離婚請求に関する法制

際上，別居期間，及び離婚の財産上の効果にも影響を及ぼす。というのも，台湾の現行法の規定によると，離婚慰謝料（民法1056条[18]）及び離婚後扶養料（民法1057条[19]）は，請求者の無過失を要件としているからである。また，当事者が婚姻中に別居していたときに，別居期間の婚姻費用（民法1003条の1[20]）を請求することができるか否かも，別居の原因に対する有責性の有無により結果が異なる。以下，1つの裁判事例（最高法院2022年度台上字第567号判決）に即して説明する。

　甲男と乙女は2009年に結婚し，2017年に別居を開始，2019年に裁判離婚した。第一審（新北地方法院2018年度婚字第488号民事判決）は，夫婦の仲が悪く，甲は乙に対してしばしば侮辱したり，身体的暴力や脅迫を加えたため，乙はこれに耐えかねて家を去り，別居は2年にも及び，両者は訴訟において婚姻を維持する意思がないことを表明し，婚姻関係は既に名目的なものとなっており，婚姻生活を維持することは期待し難く，婚姻を継続し難い重大な事由があるものとして，乙の離婚請求を認めた。それとともに，乙は無過失であると認定し，離婚慰謝料及び離婚後扶養料の請求を認めた。ただ，別居期間の婚姻費用については，いったん別居すれば，共同生活の事実は既に失われ，相互間の協力扶助関係も弱くなるため，婚姻費用の負担を求めることはできず，夫婦の一方が生活を維持することができないときに限り，民法1116条の1，1117条の扶養義務の規定により，夫婦の身分関係に基づく扶養を請求することができるものとした。

　その後，双方とも控訴。第二審（台湾高等法院2019年度家上字第207号民事判決）は，婚姻が破綻しておりこれを継続し難い重大な事由があるとの第一審の判断には疑義がないものの，離婚事由につき双方とも帰責性があり，甲の帰責性は乙より大きいため，乙の離婚請求は認めるべきであるが，乙は無過失とは言えないため，甲に対し離婚慰謝料及び離婚後扶養料を請求することはできないとした。これに対し，乙が上告。最高法院は，原審が認定した離婚事由の有責性につき異なる判断をし，乙を無過失とする第一審の認定が正当であるとして，甲は専ら責任がある配偶者であり，乙は離婚慰謝料及び離婚後扶養料を請求することができるとした。別居期間中の婚姻費用について

15

は，婚姻費用の分担は夫婦が婚姻共同体を維持する責任を共同で負担すべきとの趣旨に基づくものであるから，別居の原因を考慮しなければならず，一方が婚姻共同体を破壊したときには，帰責事由がある者は，婚姻費用の給付義務を免れることはできない（最高法院2020年度台簡抗字第184号民事裁定，最高法院2022年度台簡抗字第171号判決）とした。このように，離婚裁判において，第2項の離婚事由を適用するとしても，やはり双方の有責性に関する判断を避けることはできない。

　以上のとおり，離婚制度について依然として有責主義を採用している民法1052条2項但書の規定の下で，離婚後の財産上の請求権もその影響を受ける。裁判実務上，夫婦双方の責任の軽重を比較した上で，責任が軽い配偶者は離婚を請求することができるが，有責と認定されれば，その程度を問わず，離婚後の財産上の請求権に影響が及ぶことになるため，法廷における双方当事者のお互いへの非難はより激しいものとなり，平穏な別れという目標は達成されない。

　既に2021年に民法親族編の改正草案が行政院〔日本の内閣に相当〕を通過しており，その中の離婚後扶養に関する改正案においては，離婚後扶養の「勧善懲悪」としての損害賠償的性格が取り除かれている[21]。離婚後扶養の目的は，配偶者の離婚による不安を解消すること，夫婦財産制における経済的不公平な状況を均衡化させること，婚姻中の扶養請求権の喪失を填補すること，婚姻生活への貢献に対する補償，相続権の欠点を是正すること，損害賠償請求権を有しない離婚との均衡を図ることにあり[22]，主観的な責任要素とは無関係である。また，請求者の「無過失」という離婚後扶養の要件を削除することは，「離婚制度において，当事者に過失がないことを金銭的権利を取得するための条件としてはならない。妻が婚姻中に家族の経済的福利に貢献した部分に応じて補償するように，有責主義離婚関連の規定を改正しなければならない」という女性差別撤廃条約一般勧告第29号パラグラフ39-40の趣旨にも沿う。

　しかしながら，有責主義の影響を取り除くべきなのは離婚後扶養の規定についてのみではなく，別居後の婚姻費用など，離婚に関係する他の財産的請

求権も併せて検討されるべきである。離婚事由が破綻主義に向かっていると
しても，現行実務においては，民法1052条２項に基づき離婚を請求したとし
ても，客観主義が貫徹されていない状況の下では，別居や離婚後の財産的給
付について，裁判離婚に対する有責性の評価を免れることはできない。この
点は，立法政策が積極的破綻主義の方向に向かうに当たり，併せて調整・改
正がなされるべきである。

Ⅲ　有責配偶者の離婚請求に関するその後の展開

1　憲法解釈の申立て

本件の憲法解釈の申立ては，家事裁判官１名と当事者２名により提起され
た。その趣旨は，離婚も婚姻の自由の一部であり，憲法によって保障される
べきであるが，民法1052条２項但書が責任がより大きい配偶者の離婚請求を
認めていないのは，違憲の疑いがある。第１に，婚姻破綻は相手方の責に帰
すべきであることを証明するために，双方が法廷においてお互いを非難する
ことになり，破綻の程度を深めて関係修復を不可能にし，婚姻の目的を達成
することができなくなる。第２に，婚姻関係の継続をもって有責者の行為に
対する制裁の手段とするべきではなく，無責の相手方の保護については，離
婚損害賠償，離婚後扶養，財産分与等の離婚の効果が重視されるべきである。

2　憲法法廷2023年憲判字第４号―合憲判断

(1)　主　文

民法1052条２項によれば，同条１項以外の重大な事由により，婚姻を継続
し難いときは，夫婦の一方は離婚を請求することができる。ただし，その事
由につき夫婦の一方が責を負うべきときは，他方のみが離婚を請求すること
ができる。同条但書の規定が有責配偶者による裁判離婚の請求を制限するの
は，原則として憲法22条が保障する婚姻の自由の趣旨に反しない。しかしな
がら，同条の規定は，婚姻を継続し難い重大な事由が発生した後に相当の期
間が経過しているか否か，または当該事由が相当な期間継続しているか否か

17

を問わず，専ら責任がある配偶者による裁判離婚の請求を一律に許さず，その離婚の機会を完全に奪っているため，明らかに苛酷な状況を招く可能性があり，この限りにおいて，憲法が保障する婚姻の自由の趣旨に反する。関係機関は，本判決の宣告日から2年内に，本判決の趣旨に従って適切な法改正を行わなければならない。期限内に法改正が行われない場合，裁判所は，このような事案につき，本判決の趣旨に従って裁判しなければならない。

(2) 主文の法的理由

① 審査の根拠となる憲法上の権利—婚姻の自由には離婚の自由も含まれる

婚姻は，夫婦が共同生活を営むことを目的とし，双方に人格を実現・発展させることができるように，親密性及び排他性を有する結合関係を成立させるものであり，また，配偶者がお互いに精神的・感情的・物質的に支え合う機能を有している。家庭と社会の基礎としての婚姻関係は，憲法の保障を受ける婚姻の自由，人格の自由，人間の尊厳に密接に関わるものであり，そこには「結婚するか否か」，「誰と結婚するか」，「協議離婚」及び配偶者とともに婚姻関係を形成し営む権利が含まれる（司法院釈字552号，554号，791号解釈，憲法法廷2022年憲判字第20号判決参照）。また，婚姻関係には婚姻の締結，維持及び終了が含まれ，婚姻関係の解消も婚姻制度の重要な一環である。憲法が保障する婚姻の自由には，結婚の自由，婚姻関係の維持のみならず，婚姻関係を解消する自由，すなわち婚姻関係を終了させるか否か，いつ終了させるかに関する離婚の自由も含まれる。たとえ離婚の自由の実現は双方の意思の合致にかかっているとしても，意思が合致しないときに，一方の離婚の自由が憲法の保障を受けることは妨げられない。

結婚後，夫婦の合意によって婚姻関係を終わらせることができないときは，婚姻関係の解消を欲する者が裁判所に裁判離婚を請求する権利を有することは，婚姻の自由の一部である。よって，有責配偶者による裁判離婚の請求を制限する民法1052条2項但書の規定は，婚姻関係の解消を欲する者の婚姻の自由に対する干渉であり，憲法22条が保障する婚姻の自由の趣旨に反してはならない。しかしながら，婚姻を維持する自由及び婚姻を解消する自由は，

第1節　有責配偶者の離婚請求に関する法制

ともに憲法22条が保障する婚姻の自由であり，婚姻の存続あるいは解消について夫婦の意思が一致しないときは，基本権の衝突が生じる可能性がある。すなわち，配偶者の一方が裁判離婚を請求する権利は，相手方配偶者の婚姻を維持する自由に影響を及ぼすことは避けられず，両者を衡平に考量してはじめて，憲法22条が保障する婚姻の自由の趣旨に合致する。

②　民法1052条2項但書の規定は違憲ではない

同項但書の立法趣旨及び目的は，専ら有責な者が恣意的に裁判離婚を請求することにより婚姻秩序を破壊することを防止し，婚姻に関する法的秩序と国民の法的感情を保護するために，全く無責である相手方配偶者の婚姻の維持または解消に関する自己決定権を強化することにある。特に子がいるときは，未成年の子の利益も考慮して，婚姻家庭と社会的責任を維持する機能も有する。また，現行法は裁判離婚事由について多元的な原則を採用しているが，個別の事案において明らかに苛酷な事情が存在しない限り，立法者の制度形成の自由が認められる。立法者は，婚姻に関する法的秩序及び国民の法的感情を保護するために，無責配偶者が婚姻を維持する権利を優先的に保護しようとしており，その立法目的は，なお正当であると認められる。

③　民法1052条2項但書に苛酷条項を付加しなければならない

民法1052条2項但書の規定は，専ら責任がある配偶者による裁判離婚の請求を制限しているが，個別の事案において明らかに苛酷な状況を招くことがないよう，憲法22条が保障する婚姻の自由の趣旨に適合するかが審査されなければならない。

当該規定は専ら責任がある配偶者による裁判離婚の請求を制限しているが，これにより保護されるものは往々にして婚姻の外在的形式のみであり，夫婦の相互の愛情と扶助という婚姻の実質を有しないことが多く，長期間このような状態に置かれる未成年の子の心身の健全な発達にも資さないおそれがある。そのため，婚姻を継続し難い重大な事由が発生した後に相当の期間が経過しているか否か，または当該事由が相当な期間継続しているか否かを問わず，専ら責任がある配偶者による裁判離婚の請求を一律に許さないとすれば，既に重大な破綻が生じ互いの心が離れて形骸化した婚姻関係の継続を強制す

るに等しい。これは，完全にその離婚の機会を奪うに等しく，個別の事案に
おいて明らかに苛酷な状況を招くおそれがある。したがって，婚姻を維持す
ることが専ら責任がある配偶者にとって苛酷である場合には離婚を許すこと
ができるという例外的な規定がなければならない。

④　付帯説明〔併此敘明部分〕

民法1052条の規定は，裁判離婚制度や離婚原因等に係る法規範の設計に関
わるものであり，関係機関が法改正を行うに当たっては，社会の変遷や現代
の婚姻関係に関する多くの変化に対応するため，現行の裁判離婚制度を再検
討するとともに，法規範の設計を適切に行う必要がある。例えば，裁判離婚
に関する民法の規定において別居制度を採用するとともに，共同生活の事実
がない別居が相当の期間に達することを裁判離婚の条件として明文で定める
か否かを検討する必要がある。こうした離婚原因の緩和により望ましくない
結果が生じることを避けるため，外国の立法例を参考にして，苛酷条項を導
入し，離婚により生じる極端な困難状況を調整することも考えられる。また，
離婚後の無責配偶者や弱い立場にある配偶者・未成年の子の生活を保障する
ために，包括的な関連措置がなければならない。

以上のように，憲法法廷は，有責配偶者の離婚請求を制限する民法1052条
２項但書の規定が違憲か否かという問題について，憲法の保障する婚姻の自
由が離婚の自由を含むことを認めたが，婚姻を維持する自由との間で衡平な
考量がなされなければならないとする。裁判離婚を請求する権利の保障は，
同時に相手方の婚姻を維持する自由に影響を与えざるを得ない。そのため，
同項但書の規定は，専ら有責である配偶者が恣意的に裁判離婚を請求するこ
とにより婚姻秩序を破壊することを防止し，婚姻に関する法的秩序と国民の
法的感情を保護するために，全く無責である相手方配偶者の婚姻の維持また
は解消に関する自己決定権を強化することにあり，違憲ではない。この結論
は，長年にわたり但書の適用範囲を拡張解釈してきた裁判実務に制限を加え，
専ら有責である配偶者のみが離婚を請求できないとするものである。そして
同時に苛酷条項を加え，離婚の機会を完全に奪うことが個別の事案において
苛酷な状況を招くときは，離婚を許すことができるとした。このように，憲

法法廷も，名実相伴う破綻主義へ向かうべきという点に異論はなく，ただ，現行法の枠組みの下では，無責配偶者を保護するための最後の砦を維持する必要があるものと考えているが，これは立法により別居制度及び苛酷条項を導入することで解決可能である。

3　憲法法廷判決の司法機関・立法機関への影響

(1)　司法機関における判断基準─専ら有責な配偶者に関する判断基準の再構築及び苛酷な事情

①　専ら有責な配偶者に関する判断基準の再構築

憲法法廷による判決がなされた後，婚姻を継続し難い重大な事由に関する客観的側面は影響を受けていないが，夫婦双方に多かれ少なかれ責任があるときにも離婚を認めることができることになったため，離婚が制限される可能性は大幅に減少し，積極的破綻主義に向かうことになる。しかし，その結果として，当事者は自己が専ら責任がある配偶者になることを避けるために，法廷において婚姻破綻に対する相手方の帰責性をより強く主張するようになりかねない。そうすると，一方で，裁判所が婚姻の細部にまで立ち入って，夫婦双方のプライバシーに関わることを避けられず，他方で，弱い立場にある配偶者や未成年の子に対する包括的な関連措置がない状況の下で，個別事案の妥当性が損なわれる可能性がある。このような状況の下で，帰責性に関する判断基準が憲法法廷2023年判決の前よりも厳格になるおそれがないか，なお観察を要する。

憲法法廷2023年判決以前には，実務上，夫婦の一方が専ら責任のある配偶者と認定されるケースは少なく，一方の責任が主な争点であったとしても，「一方の責任が他方より重い」ものと判断して，その離婚請求を制限してきた。これに対して，同判決以後の実務においては，既に同判決への対応がなされており，責任がより大きい配偶者の離婚請求を制限した下級審の判断を不当とする最高法院の判決（最高法院2023年度台上字第511号判決）や，夫婦双方が婚姻破綻について責任がある場合に離婚を認めるものがある（台湾高等法院2022年度172号[23]，272号[24]，219号[25]判決）。特に，最高法院2023年台上字第1612

第1章　台湾における有責配偶者からの離婚請求

号判決においては，「婚姻を維持し難い重大な事由について夫婦双方ともに責任があるときは，民法1052条2項本文の規定により，離婚を請求することができる」という見解と，最高法院2006年民事部決議の「婚姻を維持し難い重大な事由について夫婦双方ともに責任があるときは，双方の責任の程度を比較衡量して，有責性がより大きい者は離婚を請求することができない」という見解について，他の民事部に意見照会した上で，前者の見解を採ることを明らかにした。その理由としては，有責性の程度がより大きい者の婚姻の自由を制限する法律の規定がない以上，双方ともに民法1052条2項本文の規定により離婚を請求することができるのであり，双方の有責性の程度を比較衡量する必要はないとされている。

　この結論は，憲法法廷2023年判決の見解に合致するものである。すなわち，同項但書の立法趣旨及び目的は，専ら有責な者が恣意的に裁判離婚を請求することにより婚姻秩序を破壊することを防止し，婚姻に関する法的秩序と国民の法的感情を保護するために，全く無責である相手方配偶者の婚姻の維持または解消に関する自己決定権を強化することにある以上，専ら有責である配偶者のみが離婚を請求できないのであり，最高法院2006年民事部会議決議のように，条文の文言を限定解釈すべきではない。法改正がなされるまでは，少なくとも，婚姻を維持し難い重大な事由について夫婦双方に責任があるときは，責任の程度を比較することなく，双方とも民法1052条2項本文の規定により離婚を請求することができるものとし，消極的破綻主義の破綻主義としての機能をより発揮することができるようにすべきである。ただ，婚姻を維持し難い重大な事由が客観的な「別居」を根拠とするのではない場合には[26]，目的主義を全面的に貫徹することはできず，裁判官は，婚姻を維持し難い重大な事由の存否及び専ら有責な配偶者か否かを判断するために，夫婦双方の婚姻生活の細部に立ち入って審理を行わざるを得ない。このように，今後，婚姻破綻の基準及び有責性の有無の認定につき，婚姻解消の可能性を緩和する憲法法廷2023年判決の影響の下で，責任の程度がより大きいことのみに基づいて軽々しく離婚請求を棄却することはできなくなるものと予測される。

第1節　有責配偶者の離婚請求に関する法制

② 専ら有責な配偶者についての苛酷な事情

憲法法廷2023年判決は，完全に無責な配偶者の婚姻の維持または解消に関する自己決定権を保障するため，民法1052条2項但書の規定を違憲ではないものとしつつ，専ら有責な配偶者に明らかに苛酷な事情が生じるのを避けるために，憲法22条が保障する婚姻の自由の趣旨に沿うか否かを審査しなければならないものとしている。そのため，裁判実務における第一の課題は，専ら有責であるために離婚を請求できない場合を類型化することである。例えば，最高法院2023年度台上字第2792号裁定においては，原告は専ら有責であり，苛酷な事情はなく，離婚は認められないとされており[27]，同2023年度台上字第2549号判決においては，原審の専ら有責な配偶者の認定には疑問の余地があるとされている[28]。

次に，憲法法廷2023年判決は，全く無責な配偶者が婚姻を維持する自由を優先的に保護しつつ，苛酷条項により，専ら有責な配偶者の婚姻を解消する自由を例外的に保障すべきものとする。そのため，離婚を制限すべきでない苛酷な状況とは，どのような場合かが明らかにされなければならない（例えば相当な期間を経過したために苛酷と認められる場合）。この点に関する憲法法廷の判示に対応するものとして，以下のいくつかの判決が参考になる。第1に，台湾高等法院2022年度家上字第149号民事判決は，専ら責任がある配偶者が2016年から寝室を別にし，2021年から別居している事案において，その離婚を制限することに苛酷な事情があるものとは認めず，無責配偶者が子を連れて家を出た後，有責配偶者が子の扶養料の支払いを拒絶していることから，離婚を認めれば無責配偶者にとって極端に苛酷な事情を招き，法秩序の維持及び国民の法感情に反するとして，婚姻を維持させる必要性があるものとした。第2に，台湾高等法院2023年度家上字第49号民事判決は，夫婦が別居して相互に連絡がないまま10年を過ぎており，その期間は婚姻の存続期間の半分を占めており，社会通念によれば，婚姻を継続し難い事由が相当の期間にわたって存在していることは明らかであること，専ら責任がある配偶者が夫婦の確執により家を出てから，相手方と連絡しておらず，双方の意思疎通による関係修復の可能性は低いこと，有責配偶者が家を出た後，相手方と金銭

23

第1章　台湾における有責配偶者からの離婚請求

的なやり取りはなく，扶養料も負担しておらず，相手方及び未成年の子との生活に参加しておらず，既に他人のようになっており，婚姻は既に形式的なものにすぎず何らの実質も伴っていないことから，相手方の離婚への同意が得られないことのみをもって有責配偶者の離婚の自由を制限することは明らかに苛酷であり，離婚を認めたとしても相手方や子の家庭生活の状況に何らの変化もなく，相手方や子は有責配偶者が家を離れてからの生活状況について全く知らない以上，離婚が相手方や子を精神的・社会的・経済的に苛酷な状況に置くことにはならないとしている。

そして，最高法院2023年度台上字第930号判決は次のような事案である。原審は，夫婦双方とも有責であるが，双方の責任の程度を比較し，責任がより大きい配偶者は離婚を請求することができないとして，夫婦は2015年9月9日から別居を始め，旧正月や清明節〔日本のお盆に当たる，先祖の墓参りが行われる祝日〕に一時的な交流があるのみで，両者の関係は疎遠であり，相互の信頼関係や真摯な感情を欠き，客観的に見て，誰でも同様の状況に置かれれば婚姻を維持する意思を失うであろう程度に達しており，両者の婚姻関係には修復し難い重大な事由が認められ，また，両者は現在まで別居しているが，その原因は，上告人が〔家の玄関の電子錠の〕新しい暗証番号を教えず，被上告人が家に帰れなくしたためであり，その原因は上告人が他の女性と係争住居に同居しているためであることからすると，婚姻破綻に対する上告人の責任は被上告人よりも大きく，離婚を請求することは許されない，とした。これに対して，最高法院は，まず，憲法法廷2023年判決を引用して，婚姻を維持し難い重大な事由について夫婦双方に責任がある場合については，責任がより大きい配偶者の婚姻の自由を制限する法律の規定が存在しないため，原則として双方とも民法1052条2項本文の規定により離婚を請求することができるものとした。次に，婚姻制度は本質的に正義観・道徳観を内包するものであり，恣意的な離婚請求による婚姻秩序の破壊を防止し，婚姻を維持する自由を保護するために，具体的事案において衡平法則を適用して，離婚を認めるならば国民の法感情に反する事情があるときは，婚姻を解消する自由を制限すべきであるとした。そして，具体的事案において，離婚請求を

認めなければ，離婚の自由を主張する一方にとって苛酷な事情がないかを衡平に基づき斟酌すべきであり，その判断基準としては，婚姻破綻の原因が生じてから相当の期間が経過しているか，婚姻関係が既に形骸化しており，婚姻の実質的な意義や価値が失われているかを総合的に考慮して判断すべきである。原審の事実認定によれば，2015年から現在まで別居しているために婚姻を維持し難い重大な事由が存在し，双方とも責任があるとされている以上，専ら有責な配偶者ではないとして，原審判決を破棄するとともに，上告人が民法1052条2項本文に基づき離婚を請求することができるとしても，本件において離婚を認めることが国民の法感情に反する事情はないか，上告人の離婚の自由を制限するとすれば，苛酷な事情が生じないかをさらに審理すべきものとした。

　このように，消極的破綻主義を維持する現行離婚法制の下で，憲法法廷2023年判決は，民法1052条2項の規定の文言に立ち返り，夫婦双方とも有責である場合には双方とも離婚を請求することができ，責任の程度を比較する必要はなく，離婚請求が認められないのは専ら有責である場合に限られるものとした。ただ，現在の判決を見ると，専ら有責である配偶者をいかに判断するかについて，一致した基準がないように見える。専ら有責である配偶者による離婚請求を認めるための苛酷条項については，現在の実務上，憲法法廷2023年判決が挙げる婚姻破綻が相当の期間継続しているか，婚姻関係が形骸化しているかに加えて，相手方に対する経済的補償の提供の有無を判断基準とするものが多く，これは台湾の離婚法制が消極的破綻主義から積極的破綻主義へと向かうに当たっての重要な過渡的措置と言えるかもしれない。

⑵　立法機関に与えられた課題—積極的破綻主義に向かう可能性？

　憲法法廷2023年判決は，台湾の離婚法が有責主義から破綻主義へと向かっていく中で小さな一歩を進めた。現行法の枠組みの下では，民法1052条2項の破綻主義が無責配偶者にもたらし得る弊害に対して，同項但書で有責配偶者の離婚請求権を制限することにより優先的保護を与えており，その上で専ら責任がある配偶者の離婚の自由は苛酷な事情によって保護される。こうした憲法法廷の見解は，婚姻関係の本質及び核心的価値に関する社会の価値観

の変化をある程度反映しており，婚姻の意義は相互の扶助により共同生活を営むことにあるのだから，この本質が失われれば，婚姻は形式的なものにすぎず，その解消を認めるべきである。

そして，憲法法廷は，立法機関に対し，法改正による別居制度や苛酷条項の導入の適否を検討するよう求めている[29]。1つは，一定期間の「別居」をもって，婚姻が破綻し共同生活がないことの証明，及び関係修復を期待できないことの判断根拠とすることにより，積極的破綻主義を実現することである。これにより，婚姻を継続し難い重大な事由の有無に関する判断，さらに婚姻破綻について誰が責任を負うべきかの判断をする必要がなくなり，離婚手続において裁判官が個人のプライバシーを過度に侵害するおそれを防ぐことができる。

また，積極的破綻主義に向かうに際しての緩和措置として，苛酷条項を通じて離婚により生じ得る極端に困難な状況を調整するなど，関連制度を整備しなければならない。特に，伝統的な主婦婚においては，婚姻家庭が妻の生活のすべてのようなものであり，過渡的措置としての性質を有する。同時に，特に無責配偶者及び未成年の子について，離婚後の経済生活に対する保障を強化して，形骸化した婚姻関係を存続させるインセンティブを減少させるべきである。

Ⅳ　おわりに

台湾法は，既に有責主義から破綻主義へと進んでおり，ヨーロッパ法の継受の下で，過渡的段階の消極的破綻主義を採用しているが，継受元の国は既に積極的破綻主義へと移行している。また，台湾の伝統的婚姻家庭の変容過程において，社会構造の変遷を経ており，男女平等原則が積極的に実現されている中で，当該規定により婚姻の本旨にそぐわない破綻した婚姻関係を維持させ，家庭を守る過去の伝統的女性を特別に保護する必要性は既に失われている。さらに，夫婦双方の責任の程度の軽重を明らかにするために，裁判手続において個人のプライバシーが過度に侵害される危険がある。したがって，民法1052条2項の規定は比例原則に反するおそれがある。憲法法廷2023

年判決は消極的破綻主義は違憲ではないとしたものの，台湾の離婚法制は積極的破綻主義へと進むべき時に来ており，ただ，立法政策上，無責配偶者の離婚後の権利をできるだけ保護すべきである。

【参考文献】
1　書　籍
①　林秀雄『親屬法講義　第3版』（元照出版，2013年）。
②　高鳳仙『親屬法：理論與實務　第2版』（五南出版，2000年）。
③　陳棋炎＝黄宗樂＝郭振恭『民法親屬新論　修訂7版』（三民書局，2008年）。
④　戴東雄『我國離婚法之現代化　親屬法論文集』（三民書局，1988年）。
⑤　戴炎輝＝戴東雄＝戴瑀如『親屬法』（元照出版，2021年）。
2　雑誌論文
①　林秀雄「有責主義，破綻主義與有責配偶之離婚請求」法學叢刊123号（1986年）。
②　鄧學仁「離婚之現代法課題」法學叢刊166号（1997年）。
③　戴瑀如「司法解釋對社會運作之影響－論離婚消極破綻主義的生成與隕落」月旦律評19号（2023年）。
3　その他
①　王如玄「離婚法制之我見」第三屆全國婦女國是會議論文集4-4（1998年）https://taiwan.yam.org.tw/nwc/nwc3/papers/forum444.htm，2024年1月31日最終閲覧。
②　呉惠林，中華經濟研究院「我國離婚率發展之趨勢，影響及因應作法之研究」内政部委託報告（2012年）。

【注】
1）伝統法上の悪疾とはハンセン病を指す。妻がこれに罹患した場合，宗族とともに祭祀を行うことができなくなるため，棄妻の事由となった。
2）妻に帰る家がない場合とは，結婚時には妻の家に家長として婚礼を主催する者がいたが，棄妻をしようとするときには既にこれがいない状態を指す。
3）戴東雄「我國離婚法之現代化」同『親屬法論文集』297頁（東大圖書，1988年）。
4）唐律戸婚律義絶離之條。
5）戴東雄・前掲注3）298頁参照。
6）戴東雄・前掲注3）300頁参照。
7）例えば，大理院解釈例1917年字第591号によれば，「七出の子がないこととは，妻が50歳を超えて子を産むことができない状態になり，その夫に庶子又は前妻の子がなく，子を産むことができない責任が妻の要因によるものではない場合でなければならない」。

第1章　台湾における有責配偶者からの離婚請求

8）呉惠林『我國離婚率發展之趨勢，影響及因應作法之研究』8頁, 34頁（内政部委託研究報告, 2012年）。

9）さらに，本項但書の規定は，公平を期すために有責配偶者の離婚請求を制限するという立法目的を実現できておらず，かえって無責配偶者や責任が小さい配偶者の負担を増加させる結果となっていると指摘される。林秀雄「有責主義，破綻主義與有責配偶之離婚請求」法學叢刊123号86頁（1986年）参照。

10）陳棋炎＝黃宗樂＝郭振恭『民法親屬新論　第7版』232頁（三民, 2008年）。

11）陳棋炎＝黃宗樂＝郭振恭・前掲注10）215-216頁，林秀雄『親屬法講義　第3版』194-195頁（元照, 2013年）。

12）最高法院1997年度第2回民事部会議決議：「民法親族編1985年改正時に1052条2項に離婚事由の一般規定が設けられたが，その目的は裁判離婚の事由を柔軟化することにある以上，夫婦間に婚姻を継続し難い重大な事由があるときは，第1項各号の事由に該当しない場合であっても，第2項により離婚を認めることは妨げられない。」

13）陳棋炎＝黃宗樂＝郭振恭・前掲注10）231頁。

14）陳棋炎＝黃宗樂＝郭振恭・前掲注10）232頁。

15）林秀雄・前掲注11）195-196頁。

16）林秀雄・前掲注9）88頁，鄧學仁「離婚之現代法課題」法學叢刊166号5-8頁（1997年）。

17）台湾では離婚について女性が社会から受けるプレッシャーが大きいこと，男性による不倫の比率が女性より高いこと等を理由に，積極的破綻主義は全体として女性に不利であると主張されている。王如玄「離婚法制之我見」『第三屆全國婦女國是會議論文集』（1998年）https://taiwan.yam.org.tw/nwc/nwc3/papers/forum444.htm。

18）民法1056条：夫婦の一方が判決離婚により損害を受けたときは，過失がある相手方に対して，賠償を請求することができる（1項）。前項の場合，非財産的損害についても相当の金額の賠償を請求することができる。ただし，被害者が無過失である場合に限る（2項）。

19）民法1057条：夫婦の無過失の一方が判決離婚により生活困難に陥るときは，相手方はたとえ無過失であるとしても，相当の扶養料を支払わなければならない。

20）民法1003条の1：婚姻費用は，法律または契約に別段の定めがある場合を除き，夫婦がそれぞれの経済能力，家事労働その他の事情に応じてこれを負担する（1項）。前項の費用により生じた債務につき，夫婦は連帯責任を負う（2項）。

21）高鳳仙『親屬法理論與實務』236-237頁（五南, 2000年）は，「離婚後の扶養につき，民法は判決離婚の損害賠償についてのみ規定を設けており，協議離婚については離婚による損害賠償を認めていない」とする。

22）戴炎輝＝戴東雄＝戴瑀如『親屬法』291-292頁（元照, 2021年）。

23）夫婦の性格，考え，立場の違いから，互いを尊重し，寛容に理解し，適切な寛容と「共感」をもって意思疎通や調整をすることができず，その結果，喧嘩することが多くなり，相互の信頼と真摯な感情という婚姻関係の基礎が存在しなくなり，共同生活という婚姻の目的が果たせなくなっていることは明らかである。加えて，2019年7月から現在まで別居が4年以上続いており，夫婦関係が一層疎遠になっていることからすると，客観的に婚姻継続の意欲を喪失する程度に至っており，婚姻を維持し難い重大な事由が認められ，その事由については当事者双方に同等の責任があるというべきである。

第1節　有責配偶者の離婚請求に関する法制

24）夫婦関係は良好とは言えず，衝突が絶えず，長年の別居により関係はさらに疎遠になり，好意的な対話もなく，係争住居の使用に起因する多くの紛争により関係はさらに悪化している。本件訴訟においても，相手方の責任を激しく非難するのみで，関係修復に向けた熱意も行動もなく，今後，精神的・感情的・物質的に支え合って共同生活していくことを期待するのは困難であり，その対立の程度は，同じ境遇にある者であれば誰でも婚姻関係を維持する意欲を失う程度に達しており，双方の婚姻関係は既に破綻しており，修復の見込みはないと認められる。また，双方ともに，ここ数年間，自己の正しさと相手方の非に固執し，相手方の立場に共感して妥協することができない状況にあり，双方とも婚姻破綻に責任があるものと認められる。

25）2010年3月26日の別居以来，夫婦間の交流はほとんどなく，上告人は被上告人を現住居に立ち入らせず，被上告人は離婚の意思はないものの，双方とも関係修復や対立解消のための積極的努力をせず，消極的態度で接し続け，結果として互いの生活から徐々に遠ざかっており，13年以上の別居期間を経て，婚姻生活の基礎が完全に失われていることは明らかであり，同じ境遇にある者であれば誰でも婚姻の継続を期待し難く，婚姻を継続し難い重大な事由の存在が認められる。当該事由については，控訴人は不倫を理由に家を出ることを選択し，被控訴人との同居を望んでいないこと，被控訴人は消極的態度で婚姻関係の基礎が失われていくのに任せ，共同生活していないことを意に介してこなかったことなど，別居理由，婚姻関係維持への態度，交流状況，13年以上に及ぶ別居期間を考慮し，いずれもが原因となって婚姻破綻に至ったものと考えられ，これにつき双方ともに責任があると認められる。

26）一定期間の別居をもって婚姻を維持し難い事由と認定することができるかについて，現在の実務は消極的見解を採っている。その主な理由は，台湾の民法では別居制度が採用されていないため，同居することができない正当な事由（海外勤務等）がある場合には離婚請求が許されないのみならず，正当な事由なく別居しており，どのように婚姻生活を営むかについて積極的な意思疎通がない場合にも，責任がより大きいと認定されて，離婚請求が否定される。そのため，別居の事実が2項の離婚事由とされる場合には，第三者との不適切な交際や，別居後の夫婦間の交流状況等，必ず他の原因が同時に伴うことになる。戴瑀如「司法解釋對社會運作之影響－論離婚消極破綻主義的生成與隕落」月旦律評19号12頁（2023）参照。

27）上告人と被上告人は，1996年3月22日に婚姻し，3人の子をもうけたが，上告人は，婚姻期間中，訴外Aと通常の友人関係を超えた交際があり，夫婦の貞操義務に違反して，一方的に被上告人と寝室を別にし，被上告人との言葉による意思疎通を拒絶し，さらには勝手に他所へ転居していることからすると，婚姻を維持し難い重大な事由があるとともに，上告人が専ら有責であると認められ，離婚を請求することは許されない。また，双方の婚姻関係は上告人の責めに帰すべき事由により維持し難くなっていること，上告人が被上告人の青春の歳月と一生の幸福を水泡に帰したこと，公平かつ実質的な補償を行っていないこと，成年の子2人以外に11歳の未成年子がいることなどの事情に鑑みると，上告人の離婚請求権を制限することは，憲法法廷2023年憲判字第4号判決の言う明らかに苛酷な事情に当たるものとは認められない。よって，民法1052条2項に基づく上告人の離婚請求は理由がない。

28）本件において，原審は，上告人が同居できない理由が，被上告人からの圧力を恐れて，係争住居に戻りまたは被上告人と同居するために転居することを拒んだことにあるのであれば，上告人には同居できない正当な理由はないとし，上告人は専ら有責な

29

第1章　台湾における有責配偶者からの離婚請求

配偶者であって，離婚を請求することは許されないとした。これに対して，最高法院は次のように判示した。被上告人が婚姻後に重大な侮辱を行ったことや，DVの濡れ衣を着せたことは，夫婦が受忍することができる限度を超えており，婚姻を継続し難い重大な事由に当たる旨の上告人の主張を採用することができないのか，疑問の余地がある。婚姻を継続し難い重大な事由につき双方に責任があるのであれば，双方とも離婚を請求することができるにもかかわらず，原審は詳細な審理を行わずに，上告人が専ら有責な配偶者であるとして，上告人に不利な判決をしており，審理不尽の瑕疵がある。また，民法1001条但書にいう同居できない正当な理由は，夫婦の一方が相手方に対して頻繁または習慣的に暴行を加える場合に限られるものではなく，精神的虐待を受けて同居に堪えない場合や，夫婦の一方の行為が相手方に心理的恐怖を与えたために同居できない場合も，これに該当する。したがって，原審が，上告人は被上告人の過去の行為に対して恐怖を覚えたために同居できないに至ったものか否かにつき詳細な審理を行わずに，上告人が係争住居に戻りまたは被上告人と同居するために転居することを拒んだことにつき，同居できない正当な理由はないとした点は，相当とは認められない。

29）法務部による改正草案においては，諸外国の破綻主義の趣旨を参考にして，別居が一定の期間に達していれば，双方ともに離婚の訴えを提起することができること，そしてこの事由が濫用されて不公平が生じることがないように，離婚を拒む一方にとって明らかに公平を失する事情，または離婚が未成年の子にとって明らかに不利益であることを考慮して，離婚請求を認めるか否かを決定することができる旨の苛酷条項が設けられている。憲法法廷2023年判決における詹森林大法官協同意見書を参照。

（TAI, Yu-Zu／国立政治大学法学院教授）

第2節

有責配偶者の離婚請求に関する裁判実務とその問題
——憲法法廷2023年憲判字第4号判決の評釈及び影響

魏　大　曉

訳：小林　貴典

I　台湾の法定離婚原因に関する法制の変遷

　台湾においては，離婚により婚姻を解消することが認められており，離婚の法定の方式としては，協議離婚（民法1049条）と裁判離婚（民法1052条）がある。裁判離婚は，配偶者の一方に法定の事由がある場合に，相手方が裁判所に裁判による離婚を請求することができるものである。裁判離婚の手続については，2012年以降は家事事件法により，家事法院（または地方法院家事部）に請求する。離婚の訴えの性質は形成訴訟である。家事事件法上，離婚訴訟については調停前置主義が採られており，実務上，夫婦は離婚調停または訴訟上の和解を成立させることができ，これは裁判離婚と同じく確定判決効（既判力）を有するものとされている[1]。

　法定離婚原因に関する実体法制の発展について。1985年改正までは，民法親族編1052条は厳格な制限を課しており，10個の絶対的離婚事由を列挙し，これに該当してはじめて離婚形成権を有し，これに基づき離婚訴訟を提起することができた。また，同年改正前は破綻主義は採用されていなかったので，裁判所はたとえ婚姻の維持が可能であると考えても，決定により6月以下の期間手続を停止することができるのみで（2012年改正前の民事訴訟法578条），関係修復の望みがあることに基づき，裁量により離婚請求を棄却することはできなかった。

　1985年の法改正では，旧法の離婚原因が10個の限定列挙に限られており，

婚姻を継続し難い状況になっていることに基づき離婚を請求することができないのは厳格に過ぎるものと考えられて，従来の規定を維持しつつも（民法1052条1項4号は文言を若干修正），外国の立法例を参考にして，民法1052条2項に以下の規定を増設し，破綻主義の離婚原因を導入した[2]。「前項以外の重大な事由により，婚姻を継続し難いときは，夫婦の一方は離婚を請求することができる。ただし，その事由につき夫婦の一方が責を負うべきときは，相手方のみが離婚を請求することができる。」

　法定離婚制度における破綻主義の原則は，台湾では依然として重要な議題であり，家族法研究者のみならず，民間団体（女性団体等）からも高い関心が寄せられている。民法の改正を所管する法務部は，早い時期に改正草案を完成させており，その中では，明確に破綻主義を採りつつも，有責主義に基づく条項を一部残しており，破綻主義と有責主義を併存させている。また，ドイツ法の苛酷条項の導入が提案され，別居も独立の離婚原因として考慮されているが，このような立法の方向性についてはまだ各界のコンセンサスが得られていないようである。

Ⅱ　1985年改正前・改正後の裁判実務

1　改正前の離婚事由

　1985年改正により破綻主義の離婚事由が導入されるまで，法定離婚原因は有責主義に基づくものであり，離婚の法定要件に該当してはじめて離婚形成権が生じた。ただ，法律の規定には不確定的法律概念が多く用いられ，また主観的要件や裁判官による価値判断を要する要件もあるため，実務上の統一的な基準を構築することは困難であった。例えば，虐待，共同生活に堪えない（民法1052条1項3，4号），悪意の遺棄（同項5号），「相手方を殺害しようとしたとき」（同項6号）における主観的意図，「不治の悪疾」（同項7号）における不治，「重大かつ不治の精神病」（同項8号）における重大性や精神病，生死不明（同項9号）等の概念はどのように定義すべきか。これらの不確定的法律概念，主観上の故意過失，規範的文言は，価値判断を経てはじめて裁判の規範的根拠とすることができる。そのため，構成要件に判断の余地がある

第2節　有責配偶者の離婚請求に関する裁判実務とその問題

場合，裁判官（解釈者）の主観的な価値選択が入ることは避けられず，裁量性が生じることになる。20年前（2000年以前）までは，台湾の裁判実務は，家庭や婚姻制度の機能を肯定的に捉えていたため，離婚請求を容易に認めることはしなかった。当時の社会は伝統的・保守的な考え方の下にあり，特に離婚家庭で育つ子どもについては，その心身・人格の発達に良くない影響が及ぶと考えられていたため，離婚請求を認める基準は明らかに厳格であった。その後，社会全体の婚姻に対する価値観の変化，非婚主義者の増加，女性の経済的独立性，就業率や職場での活躍が男性に劣らなくなったこと等に加えて，不幸な婚姻を終わらせることがより多くの幸福につながるとの民間団体による強力な主張も相まって，裁判所が離婚を認める基準も引き下げられ，離婚訴訟の勝訴率は大幅に上昇した。

　過去の裁判実務では保守的な態度が採られていたが，それでもなお，夫婦の一方の相手方に対する言動には，絶対に侵してはならない領域あるいは限界として，人間の尊厳があると考えられてきた。人間の尊厳は憲法上の基本権の源泉であり，自然法の時代から存在し，法実証主義の下で憲章に書き込まれた。最高法院1980年台上字第669号判例は次のように指摘する。夫婦の結合関係において，両者は平等な地位に基づき，その人間の尊厳を尊重しなければならない。一方が相手方にひざまずくことを強要したり，鍋を頭にのせたりすることは，人間の尊厳を損なうものであり，そのために重大な精神的苦痛を感じたときは，3号の同居に堪えない虐待に当たる。同居に堪えない虐待は独立の具体的離婚事由である。また，最高法院1957年台上字第1719号判例は，夫婦の一方が相手方に窃盗の濡れ衣を着せ，懲役刑を受けさせたことは，重大な侮辱であり，3号の同居に堪えない虐待の程度に達しているとする。同1951年台上字第1276号判例は，根拠なく相手方の姦通を主張して，精神的苦痛を与え，同居を継続することをできなくしたときは，3号の同居に堪えない虐待に当たるとする。

　同居義務及び婚姻費用給付義務の履行は，夫婦双方の重要な義務であり，正当な理由がない限り，〔その不履行は〕5号の悪意の遺棄に当たる。最高法院1960年台上字第1233号判例は，同居を命じる判決が確定した後，なお同

居義務を履行せず，その状態が継続しており，同居できない正当な理由がないときは，5号の悪意の遺棄に当たるものとする。悪意の遺棄の判断基準については，実務上，同居義務の履行に関係するものであり，主観的・客観的事情を総合的に判断すべきものとされている。例えば，最高法院1960年台上字第1251号判例は次のように指摘する。悪意の遺棄は，同居義務に反する「客観的事実」と，同居を拒絶する「主観的事情」があってはじめて認められるものである。殺人未遂罪を犯して海外に逃亡している場合，同居を拒絶する「主観的事情」が認められず，家族に対する扶養義務を尽くしていない（客観的事実）としても，資力があるのに正当な理由なく生活費を支払わない場合とは異なり，5号の悪意の遺棄を構成しない。

　成文法の文言とその意味は，規範的文言により条文に書き込まれているが，明確な定義規定を欠くときは，解釈の余地が生じる。法定離婚原因の構成要件には不確定的法律概念が多く，実務上の解釈基準においては，主観的価値判断が解釈活動の過程に取り込まれるとともに，その時々の実際の社会環境と結び付けられることが多い。例えば，「生死不明」の概念について，最高法院1954年台上字第538号判例は，戦争により交通が遮断され，一時的に行方を知ることができないときは，生死不明に当たらないものとする。

2　破綻主義の離婚原因が増設された後

(1)　民法1052条1項と2項の併合的請求類型

　1985年改正により破綻主義に基づく抽象的離婚事由が導入されると，裁判所が受理する離婚訴訟の類型として，2項の「婚姻を継続し難い重大な事由」を原因とするケースが増加した。2項の離婚事由の要件として，1項以外の事由でなければならないことが明示されているため，1項の事由であれば2項の適用範囲に入らない。それでも，離婚の請求原因事実として，同一の事実関係に基づく多数の法定離婚原因（形成権）が同一の離婚訴訟手続の中で併せて主張されることが多く，これは訴えの客観的併合となる。また，台湾の裁判実務においては，離婚訴訟について伝統的訴訟物理論が採られており，事実の同一性を訴訟物とはしていないため，各号が定める離婚事由は

それぞれ異なる訴訟物となる。夫婦の一方が相手方に一度の暴力や侮辱を行った場合に，原告が同居に堪えない虐待（3号）と婚姻を継続し難い重大な事由（2項）を同時に主張し，裁判所が審理の結果として，暴力や侮辱があり，法定離婚要件に当たると認めるときは，2つの訴訟物ともに理由があることになる。このように，1項の具体的有責離婚事由と2項の抽象的破綻離婚事由を同時に主張する訴訟形態は，現在でも実務上よく見られるものであり，このような訴訟提起の仕方も適法であると認められている[3]。

(2) 有責配偶者の離婚請求に関する実務の見解

① 1052条1項の離婚形成権は相手方に帰属すること

1項の離婚事由においては，有責主義が採られている。有責配偶者（甲）の相手方（乙）のみが離婚形成権を有し，有責配偶者は自らの有責行為に基づき離婚を請求することはできない。相手方も有責であるとしても，自らの離婚形成権の成立には影響しない。すなわち，双方ともに離婚を請求することができ，責任の軽重の比較は行われない。例えば，夫婦双方が長期にわたり不仲であり，双方とも第三者と性交渉をもった場合には，それぞれが1項2号に基づき離婚を請求することができる。

離婚形成権の帰属については，夫婦それぞれが形成権を有することが認められており，一方が既に裁判所に離婚を請求しているとしても，相手方の離婚の訴えにつき権利保護の必要性が欠けることにはならない。例えば，最高法院2006年度台上字第1026号判決は，婚姻を継続し難い重大な事由があり，双方ともに有責で，かつその責任の程度が同等であるときは，双方ともに2項の規定に基づき離婚を請求することができるのであり，一方が既に本訴で離婚を請求していることのみをもって，相手方の反訴による離婚請求について訴訟上の保護の必要性がないものと認めることはできないとしている。

② 1052条2項の規定に関する法的見解

i 判断基準

最高法院1998年度台上字第1304号判決は，「婚姻を継続し難い重大な事由の有無は，婚姻に既に破綻が生じて関係修復の見込みがないか否かによって判断されるものであって，これは原告が婚姻を維持する意欲を失っていると

いう主観的事実によって判断されるものではなく，誰でも同じ状況に置かれれば婚姻を継続する意欲を失う程度に至っているかという客観的基準に基づき判断すべきである」と判示している。また，同2006年度台上字第2924号判決も，婚姻の破綻は，夫婦個人の主観的な感覚や認識ではなく，客観的基準によって判断されるものとしている。注意すべき点として，2項の法定要件は「婚姻を継続し難い重大な事由」と定められているが，実務においては，「関係修復の見込みがないこと」という条件が加えられている。このような要件と判断基準が従来の実務において用いられてきた。

ii 有責配偶者の離婚請求権の有無

有責配偶者が1052条2項に基づいて離婚を請求する場合について，実務の見解は，当初の厳格な態度から徐々に寛容な態度へと変化してきた。

当初は，自らの行為が婚姻破綻の原因の1つであるときは，その責任が相手方より軽いか否かを問わず，離婚を請求することができないものとされていた。例えば，最高法院1999年度台上字第1177号判決は次のように判示する。「民法1052条2項は，『前項以外の重大な事由により，婚姻を継続し難いときは，夫婦の一方は離婚を請求することができる。ただし，その事由につき夫婦の一方が責を負うべきときは，相手方のみが離婚を請求することができる』と定めている。この趣旨に照らすと，離婚を構成する重大な事由が夫婦の一方の責に帰すべきときに限り，無責の相手方は離婚を請求することができる。当該重大な事由が，夫婦双方の責に帰すべき過失行為により生じたときは，双方とも上の規定により離婚を請求する余地はない。」

この見解は，破綻主義を絶対的有責主義の領域に入れて，無責配偶者のみが離婚を請求することができるものとし，有責配偶者は婚姻破綻の原因について軽微な責任しかないとしても，2項の規定により離婚を請求することはできないとするものである。

その後の実務においては，責任の程度が同等である場合には，双方とも離婚請求権を有するとされるようになった。例えば，最高法院2001年度台上字第1639号判決は，「婚姻を継続し難い重大な事由につき，夫婦双方が責めを負うべきときは，双方の責任の程度を比較衡量して，責任が小さい配偶者の

みが，責任が大きい配偶者に対して離婚を請求することができるものと解するのが公平に適う」と判示している。最高法院2001年度台上字第2193号，2215号判決も同旨である。最高法院2005年度台上字第2059号裁定[4]，2006年度台上字第1450号判決は，こうした破綻主義を「消極的破綻主義」と呼んでおり，責任が小さい配偶者及び責任が同等な場合には双方が離婚を請求することができるが，責任が大きい配偶者はこれを請求することができないとしている。

このような変化の最も大きな原因は，判例・決議制度が採用されていた時代には，最高法院の決議は裁判官に対して「実質的拘束力」を有すると考えられていたことである。最高法院2006年度第5回民事部会議においては，「婚姻を継続し難い重大な事由について夫婦双方に責任があるとき，民法1052条2項の規定に基づき離婚を請求することができるか」という議案につき，次の3つの見解があった。甲説：当該重大な事由の発生につき，夫婦双方に帰責性があるときは，双方ともに離婚を請求することはできない。乙説：婚姻を継続し難い重大な事由につき，夫婦双方が責めを負うべきときは，双方ともに有責配偶者であり，どちらも離婚を請求することができる。丙説：婚姻を継続し難い重大な事由につき，夫婦双方が責めを負うべきときは，双方の責任の程度を比較衡量して，責任が軽い配偶者のみが，責任が重い配偶者に対して離婚を請求することができ，双方の責任の程度が同等であるときは，双方とも離婚を請求することができる。そして，この決議においては丙説が採られた。この時から，1052条2項により離婚を請求する基準として，責任が軽い配偶者のみが離婚を請求することができ，双方の責任が同等であるときはどちらも請求することができるという扱いが確立した。これは，責任が重い配偶者及び専ら責任がある配偶者は同項の規定により離婚を請求することができないことを意味する。

Ⅲ　1052条2項に関する学説の見解

1　司法院大法官釈字第372号における一部反対意見

1995年2月の司法院大法官釈字第372号解釈は，「同居に堪えない虐待」に

関する最高法院1934年上字第4554号判例の合憲性が争われた事案である。同解釈における戴東雄・施文森大法官の一部反対意見では，次のように述べられている。台湾の離婚法の立法の方向性から見れば，1985年に民法親族編が改正された際，1052条2項前段により，婚姻を継続し難い重大な事由があるときは，夫婦の一方は離婚を請求できるものとされ，これは婚姻破綻を離婚の一般的原因とするものであり，民法は判決離婚の原因につき，既に有責主義から目的主義を主とする立場へ，厳格な列挙の絶対的離婚主義から一般的・例示的な相対的離婚主義へと変化している。婚姻は夫婦生活の円満を目標とすべきものであり，婚姻が破綻してこれを継続し難いときは，双方が無過失であってもどちらも離婚を請求することができる。このような目的主義及び一般的・例示的な離婚原因は，離婚原因を緩やかに認定すべきことを示している，と。

2　学説の見解

上記2名の大法官の意見書が積極的破綻主義を採っているのに加え，林秀雄教授は，婚姻破綻の主な責任が離婚を請求している配偶者にあり，相手方には軽微な責任があるという場合について，本項の規定は破綻主義を理論的な出発点としており，但書は例外規定にすぎず，その目的は最小限度の道徳観に反しないように，専ら責任がある配偶者の離婚請求を排除する点にあることからすると，このような場合には但書の規定の適用はなく，主な責任がある配偶者による離婚請求も認められるべきであるとする[5]。筆者もこれと同じ見解を採り，同項の規定は積極的破綻主義に基づくもので，但書は国民の道徳観や公平観に反しないよう設けられた例外規定であり，専ら責任がある配偶者による離婚請求を排除するものにすぎないと解してきた[6]。

Ⅳ　憲法法廷2023年憲判字第4号判決の紹介

1　申立ての原因事件

本件の申立人の1人は裁判官であり，離婚請求事件を審理するに当たり，民法1052条2項但書（以下「係争但書規定」とする）の適用は憲法に抵触すると

考え，憲法法廷に違憲審査を申し立てた[7]。他の申立人は国民であり，離婚を請求したが裁判所による棄却判決が確定したため，係争但書規定に違憲の疑いがあるとして，司法院大法官事件審理法〔司法院大法官審理案件法〕（以下「大審法」とする）5条1項2号の規定に基づき，憲法解釈を申し立てた。憲法法廷は，2件の申立てが同法の規定を満たすとして，これを併合し，2023年3月24日に判決を言い渡した。

このように，2件の申立てにおける憲法解釈の対象は，係争但書規定につき，大審法の規定に基づき憲法法廷に抽象的法規範違憲審査を求めるものであって，憲法訴訟法の規定に基づき，確定判決が憲法に反することを主張して，確定判決に対する憲法審査（具体的確定判決憲法審査）を求めるものではない[8]。

2　判決主文

憲法法定2023年憲判字第4号判決（以下「本件判決」とする）の主文は以下のとおりである（違憲宣告か否かに応じて，2つの部分に分ける）。

（合憲部分）民法1052条2項によれば，同条1項以外の重大な事由により，婚姻を継続し難いときは，夫婦の一方は離婚を請求することができる。ただし，その事由につき夫婦の一方が責を負うべきときは，相手方のみが離婚を請求することができる。同条但書の規定が有責配偶者による裁判離婚の請求を制限するのは，原則として憲法22条が保障する婚姻の自由の趣旨に反しない。

（違憲部分）しかしながら，同条の規定は，婚姻を継続し難い重大な事由が発生した後に相当の期間が経過しているか否か，または当該事由が相当な期間継続しているか否かを問わず，専ら責任がある配偶者による裁判離婚の請求を一律に許さず，その離婚の機会を完全に奪っているため，明らかに苛酷な状況を招く可能性があり，この限りにおいて，憲法が保障する婚姻の自由の趣旨に反する。関係機関は，本判決の宣告日から2年内に，本判決の趣旨に従って適切な法改正を行わなければならない。期限内に法改正が行われない場合，裁判所は，このような事案につき，本判決の趣旨に従って裁判しな

第1章　台湾における有責配偶者からの離婚請求

ければならない。

Ⅴ　憲法法廷判決に対する評釈及び私見

1　本件の憲法審査の対象

　本件判決の理由第30段落においては，次のように述べられている。婚姻の自由は中華民国憲法22条の保障を受け，司法院大法官釈字552号，554号，791号解釈及び憲法法廷2022年憲判字第20号判決によれば，婚姻の自由の保障は，人格の自由及び人間の尊厳と重要な関連性を有するものとされている。憲法が保障する婚姻の自由は，人格の自由及び人間の尊厳にかかわるものであり，そこには「結婚するか否か」，「誰と結婚するか」，「協議離婚」及び配偶者とともに婚姻関係を形成し営む権利（配偶者間の親密な関係，経済関係，生活方式等）が含まれる。

　本件判決の理由から判断すると，本件の申立てにおいて審査の対象とされているのは，係争但書規定は憲法22条が保障する婚姻の自由に抵触するかという問題である[9]。

2　基本権としての婚姻の自由の内容

　司法院大法官釈字第552条解釈等は，婚姻の自由が人間の尊厳に由来するものであること，その中核的価値は自己決定権の保障にあることを示しており，この考え方は，自然法時代の思想の自由，行為の自由と関連を有する。法実証主義の下では，婚姻の自由は憲法上の自由権として保障され，基本権体系の中で，憲法22条が一般的に保障する基本権に位置付けられる。本件判決は，憲法上の婚姻の自由には，「結婚するか否か」，「誰と結婚するか」，「協議離婚」及び配偶者とともに婚姻関係を形成し営む権利（配偶者間の親密な関係，経済関係，生活方式等）が含まれるものと改めて言明している（本件判決第30段落）。

　自然法思想に由来する人格の自由と人間の尊厳は，思想の自由・行為の自由と結びついており，他者からの干渉を受けることのない自己決定権は，本質的に個人主義的な色彩を帯びている。そのため，法実証主義の最高位にあ

る憲法領域に反映されて，婚姻の自由は，当然に，個人の主体性を保障する基本権の保障項目の１つとなる。本件判決は，従来の判断を踏襲して，婚姻の自由を憲法22条が一般的に保障する自由権の１つであるものとしている。さらに，婚姻の自由が保障する具体的内容には，婚姻の締結[10]，維持及び終了が含まれること，そして婚姻関係の解消も婚姻制度の重要な一環であるものとしている。つまり，基本権の主体（配偶者）には，婚姻関係を終了させるか否か，いつ終了させるかを決定する「離婚の自由」が保障される（判決理由第31段落参照）。簡単に言えば，婚姻の自由には，婚姻の締結・維持及び終了の自由が含まれる。

　婚姻の自由は憲法22条が保障する基本権であるから，防御権としての機能を有する主観的権利，客観的法規範の給付請求権，制度的保障[11]，価値判断における原則性，国家の保護義務といった基本権としての特徴を当然に有する。主観的権利は，国家による不法な侵害に対して対抗するものである。婚姻の自由の主体は，立法機関に対して，婚姻の自由を十分に保護する客観的規範の整備を要求する権利を有する。制度的保障は，憲法秩序における制度としての婚姻の存在を保障する。価値判断における原則性は，婚姻が最大の保障を受けられるよう促進する役割を果たす。2012年の司法院釈字第696号解釈は，夫婦の所得税合併申告制度が経済的不利益をもたらすときは，違憲のおそれがあるとする[12]。また，婚姻家庭に国民健康保険料の減免を与えるべきであり，これも婚姻の自由の保障範囲に含まれるとする見解がある[13]。

　婚姻の自由には，婚姻を締結する自由が含まれるが，婚姻の自由は主観的防御権としての性質を有する。学説によれば，婚姻の締結の自由と反対である婚姻をしない自由は基本権として保障されず，婚姻の自由から除外されるが，一般的行為の自由に基づき，国家は婚姻の締結を強制することはできず，これは消極的な行為の自由に属するものとされる[14]。

　本件判決の内容は，上述の基本権としての婚姻の自由の実質的内容から離れるものではない。

第1章　台湾における有責配偶者からの離婚請求

3　婚姻制度と婚姻の自由の関係

　本件判決の理由の基本的構造は，第1に，婚姻の自由の理念を再述した上で，第2に，離婚の自由と婚姻を維持する自由という2つの婚姻の自由が衝突する場合に，婚姻制度の設計を通じて，これを調和させることが必要である，という点にあると思われる。

　本件判決の理由第31段落は，立法による婚姻制度の形成の重要性を強調している。婚姻制度は法規範による制度設計であり，前述のとおり，その目的は婚姻の自由の存在と実現を保障することにある（婚姻の自由の制度的保障）。離婚の自由を主張する者と婚姻の維持の自由を主張する者が，2つの基本権の衝突を協議により解決することができないときは，国家機関，特に立法機関は，立法による婚姻制度の形成によりこれを解決しなければならず，これは国家の保護義務に属する。

　しかしながら，婚姻制度は立法による制度であり，純粋に個人主義を出発点とするものではない。というのも，婚姻制度は，人格の自由の保護に加えて，人倫秩序の維持，男女平等，子の養育，婚姻関係の存続・円満等を保障しなければならず，これらの目的のために，婚姻制度に係る法規範自体に，団体的・社会的機能を有する若干の条項を組み入れなければならない。例えば，忠誠義務（貞操義務），婚姻費用，未成年の子に対する保護教育義務の共同の引受け等は，婚姻制度の規範設計における主な内容であり，これをもって婚姻当事者を拘束する。司法院釈字554号解釈によれば，婚姻と家庭は社会の形成及び発展の基礎であり，憲法上の制度的保障を受け，国家は婚姻制度の存続と円満を保障するために，夫婦双方が忠誠義務の拘束を受けるという規範を定めることができ，また，性行為の自由は個人の人格と切り離すことができないものであり，性行為を行うか否か，誰と行うかを自ら決定することができるものの，憲法22条の規定によれば，社会秩序や公共の利益を妨げないという前提の下でのみ保障されるものであって，性行為の自由は，婚姻制度及び家庭制度の制約を受ける，とされている[15]。ここから生じる問題は，姦通行為について刑罰を科すことが許されるかである。これにつき，2020年の司法院釈字第791号解釈は，刑法239条は，配偶者を有しながら他人

と姦通した者につき，姦通者とその相手方に刑罰を科しているが，この規定は憲法22条が保障する性的自主権を制限するもので，憲法23条の比例原則に違反しており，この限りにおいて，司法院釈字第554号解釈を変更する，とした[16]。

司法院釈字第791号解釈は姦通罪が違憲であるとしたが，これが民事における精神的損害賠償（慰謝料）請求権の成立に対して影響を及ぼすか否かについては，賠償責任を否定する下級審判決が見られる。学説においては，憲法の観点から，配偶者の身分関係（いわゆる配偶者権）は憲法の明文により保障されているわけではないが，憲法上の「婚姻制度」の中核をなすものであって，憲法上も保護されており，婚姻外の性関係は，個別の事案によって異なるところがあるが，性的自主権と配偶者の身分権が衝突するものであって[17]，憲法23条の比例原則に従って判断されるべきである，とするものがある。最高法院2022年台上字第2353号判決は，「〔行為の自由は，〕比例原則に適合し，自由権の中核を侵害しない範囲内で，憲法が保障する他の基本権を保護するために，制限し得ないものではない。婚姻を締結した者は，婚姻関係存続中，貞操義務の履行を引き受けたものと解すべきであり，これがその自由権を侵害するものと認めることは到底困難である」と判示している。

本件判決は，婚姻の自由の保障に立脚しつつも，婚姻の自由の2つの主要な内容（婚姻を維持する自由と離婚の自由）を絶対権として扱ってはおらず，また絶対的保護の解釈方法を採っているのでもない。そのため，本件判決では，「離婚の自由の実現は，双方の意思の合致にかかっているが，意思が合致しないときに，一方の離婚の自由が憲法の保障を受けることを妨げるものではない」，「婚姻の自由の保障は，単純に個人の自由権として防御的機能の側面が保障されているのではなく，国家による婚姻制度や規範の適切な設計に依存する」と指摘されている。婚姻は夫婦・子どもや他者との生活形成及び権益に影響するものであるため，国家は保護義務に基づき，離婚の自由を十分に実現するために，裁判離婚やこれにより生ずる権利義務関係に関する法規範につき，立法による設計を通じて，裁判離婚を請求する機会を与えなければならない。

43

第1章　台湾における有責配偶者からの離婚請求

　本件判決の内容は，婚姻の自由と婚姻制度との関係，及び離婚の自由と婚姻を維持する自由との衝突，両者のバランスの取り方を論じている。最終的な理由として，苛酷な状況の下では，離婚の自由を保障すべきとしている。しかしながら，離婚の自由には，婚姻制度に関する立法による適切な設計が必要であり，純粋に個人の主観的防御権としての自由権であるとはしていない。判決理由第31段落においては，夫婦が合意により婚姻関係を終了させることができ，そのような合意による終了は絶対的な離婚の自由であるが，夫婦が協議により離婚することができないときは，婚姻が夫婦・子ども及び他者との生活形成や権益に影響が及ぶものであることに鑑み，既に婚姻としての意義を有しない婚姻については，国家は保護義務に基づき，離婚の自由を保障するための立法上・司法上の「手段」を採らなければならない。

　疑問があるのは，国家の保護義務に基づく立法上の「手段」において，保護の対象（目的）とされるのは，離婚の自由の実現なのか，それとも婚姻制度により形成される夫婦・子ども・関係者の生活権益なのか，である。両者の利益は対立するものである。理由第31段落の文言，表現されている語意や論述の順序，及び離婚の自由を強調する趣旨から見ると，苛酷な事情がある場合には，離婚の自由を主張する者に，「裁判離婚を請求する機会」を与えなければならないとされている以上，「離婚の自由」こそが立法措置（苛酷条項の増設）により保護すべき「目的」であると考えられる。したがって，本件判決の基本的精神は，積極的破綻主義の体系に立脚しているものと考えられる。

4　本件判決の基本的態度についての観察

(1)　権力分立に基づく伝統的な憲法解釈

　係争但書規定は，申立人が主張するように憲法上の離婚の自由を侵害するものかにつき，本件判決は原則として合憲としながら，苛酷な場合について定めていない点につき，離婚の自由に抵触するものとしている（違憲）。

　夫婦が婚姻の解消につき合意している場合には，離婚の自由の保障が及ぶ。これに対して，婚姻の解消について意思が一致しないときは，離婚を請求す

第2節　有責配偶者の離婚請求に関する裁判実務とその問題

る配偶者の離婚の自由と離婚を望まない配偶者の婚姻を維持する自由は，どちらも婚姻の自由として保障されるため，基本権の衝突が生じ，憲法22条の婚姻の自由の趣旨に従って，両者の間で衡平な考量がなされなければならない（判決理由第32段落）。

　本件判決が係争但書規定を原則として合憲と判断した点は，法規範の違憲審査に対する大法官の基本姿勢と関連しているものと思われる。すなわち，法規範の文言上適用可能な範囲が広すぎる場合，合憲的解釈を行う余地があるならば，司法権（憲法解釈者）は，違憲の疑義がある部分を違憲と判断する代わりに，しばしば消極主義を採り，合憲的解釈を行う。司法裁判権の行使上，法適用の前の法解釈の段階で，解釈方法上，合憲限定解釈または合憲拡張解釈を行うことができる。すなわち，ある規範の文言について複数の解釈の余地がある場合（例えば，A，B，Cの3つの解釈の仕方がある場合），AまたはBの解釈を採れば違憲であり，Cの解釈を採れば合憲であるならば，解釈者（〔大法官以外の〕普通裁判所の裁判官を含む）による法解釈の仕方として合憲解釈の余地がある以上，解釈者は合憲解釈を行う義務を負い，違憲となる解釈の仕方を選んではならない。このような場合，憲法解釈者（大法官）は当該法規範を合憲と判断することで，司法権と立法権の緊張関係が緩和され，立法権の行使が十分に尊重されることになる。このような解釈態度は，権力分立の原則に基づき，司法権と立法権が互いに尊重し合うものであり，大法官の憲法解釈においてよく見られる。

(2)　係争但書規定は専ら責任がある配偶者の離婚請求のみを排除しているとの解釈

　係争但書規定をどのように解釈すべきか。例えば，同等の責任を負う配偶者，責任が軽い方の配偶者，責任が大きい方の配偶者，専ら責任を負う配偶者（相手方は無責）のうち，どのような者が離婚を請求することができるのか。

　本件判決の理由（第35段落）から明らかなのは，大法官は，係争但書規定の立法目的，改正理由及び1985年の改正過程における立法資料に基づき，係争但書規定は「専ら責任がある配偶者の離婚請求のみを排除している」と解していることである[18]。この解釈の仕方は，係争但書規定の文言上可能な

45

ものであり，普通裁判所も合憲的解釈により積極的破綻主義と解することができ，婚姻破綻の状況の下で，すべての有責配偶者が離婚の自由を否定されるものではない。そのため，積極的破綻主義という解釈方法を採れば，係争但書規定には合憲的解釈の余地が存在するのに対し，すべての有責配偶者が2項に基づく離婚請求をできないものと解すれば，係争但書規定は憲法22条により保障される離婚の自由を侵害するものであって違憲と判断される可能性が極めて高くなる。このように，係争但書規定には合憲的解釈の余地があるため，原則として違憲ではない。

さらに分析すると，このように原則として合憲と解するためには，2つの前提条件が必要である。第1に，係争但書規定は専ら責任がある配偶者の離婚請求のみを排除しているものと解釈すること，第2に，離婚の自由は干渉を絶対に許さないものではなく，婚姻を維持する自由も憲法22条により保障されるため，この2つの基本権が衝突するときは，離婚の自由は後者を凌駕するものではなく，立法者が衡平を保つ手段を採らなければならない。

5 2つの婚姻の自由の衝突と立法規範による衡平

(1) 排除とは制限を意味する

前述のとおり，本件判決は，婚姻の自由の衝突につき，専ら責任がある配偶者の離婚の自由を制限することは，原則として違憲ではないとする。それは，離婚の自由と婚姻を維持する自由という2つの基本権が衝突するときは，国家は保護義務に基づいて，立法的手段により離婚の自由に制限を加えて，衡平を保たなければならないからである。

本件判決のコンテクストからすると，まず積極的破綻主義に立脚して，離婚の自由は憲法22条の一般的基本権として保障されるものとし（一定の条件の下で立法により制限することができる），係争但書規定は「専ら責任がある配偶者の離婚の自由を排除する」にすぎず，絶対的に排除するものではない。ここで言う「排除」とは，むしろ「制限」と解すべきであり，基本権を根本的に奪うものではないと思われる。というのも，基本権の中核的領域に侵入することは許されず，離婚の自由を絶対的に排除する立法方式は，憲法上の比例

原則に反するおそれがある。そのため，本件判決は，専ら責任がある配偶者の離婚の自由の排除が明らかに苛酷であるときは，婚姻が破綻して修復が不可能であることに基づき，裁判離婚を請求することができるものとしている。これは明らかに排除ではなく制限である。

(2) 衡平とは婚姻の自由の再分配である

婚姻関係から見れば，離婚訴訟の結果は 2 つしかない。すなわち，婚姻関係の解消—「離婚の自由の実現」—，または，婚姻関係の持続—「婚姻を維持する自由の実現」—である。両者は対抗（対立）状態にあり，第 3 の状況はあり得ない。そのため，いわゆる「衡平」とは，一方が他方の婚姻の自由を実現するために完全に譲歩しなければならないことを意味する[19]。衡平とは，権利・利益の帰属に関する再分配であり，婚姻の自由に係る権利・利益をどちらに分配するかにほかならない。衡平が権利・利益の分配であるとするならば，立法上の適切な設計とは，保護義務の名の下に，立法を通じて，婚姻破綻後の婚姻の自由に関する権利・利益の再分配につき規範的決定を行うことなのである。

(3) 基本権の衝突と考慮すべき譲歩の要因

婚姻破綻後における離婚の自由と婚姻を維持する自由との衡平は，婚姻の自由の再分配であって，責任に対する非難ではなく，責任が誰に帰属するかとも関係がないのであるから，責任の基礎の上に構築することはできない。そのため，婚姻の自由に係る権利・利益の再分配について，立法者はどのような基準で判断すべきかが問題となる（本件判決はこれにつき「衡平」という語を用いている）。国家は婚姻の自由につき保護義務を負い，また婚姻の自由と一般的自由権とは性質が異なる。基本権としての婚姻の自由は，国家公権力による不法な干渉に対抗する（防御権機能）以外に，立法機関に対して客観的法規範を形成するよう請求する権利，及び制度的保障の形成を目的とする機能を有する。立法による制度設計は憲法上の比例原則に適合していなければならない。本件判決は自ら審査基準を定め，立法者が「衡平な制度設計」を行うに当たっては，夫婦双方，子及び他者との生活形成や権益等の要素を考慮して，どちらが譲歩すべきか，どちらが婚姻の自由に関する権利・利益を享

受すべきかを決定するよう指示している。

(4) 婚姻制度の本質及び法規範の視線の分析

　婚姻の自由に係る権利・利益の再分配について考慮すべき要素として大法官が具体的に示した内容に対しては，積極的破綻主義に賛成する論者から，次のような疑問が出されるかもしれない。そのような考慮は，婚姻破綻後における婚姻の自由に係る権利・利益の分配とは関係がないのではないか。破綻主義は責任とは無関係であり，離婚の自由は憲法で保障された基本権であるとするならば，夫婦双方，子ども，更には他者との生活により形成される権利・利益と何の関係があるのか。

　このような疑問は，絶対的な個人主義という考え方に基づいているのではないかと思われる。しかし，婚姻は一種の制度的存在である[20]。法実証主義の観点から見れば，制度そのものが，個人の絶対的自由権を制限する機能を有している。しかしながら，婚姻制度は，外在的・人為的な婚姻法規範の強制的・実力的制限というよりも，「婚姻の内在的本質」として捉えられる。中川善之助教授は，その巨著『身分法の総則的課題』の中で，（婚姻関係を含む）身分法関係は本質的結合であると指摘している[21]。婚姻制度の本質とは何か。本質論は自然法思想に由来するものであり，あらゆる事物の存在の「正当性の根拠」であり，それなしには他の事物と区別できない不変の基本的特徴（偶然的要素による影響を受けない）を有する。婚姻は，婚姻生活の円満・幸福・相互扶助の追求を基本的特徴とし，これは一種の真・善・美であり，また人間の尊厳の一部でもあり，これらの基本的特徴を欠くときは，偶然に出会った道端の人と異なるところはない。別の角度から見れば，婚姻制度は婚姻関係の真・善・美の追求を制度の存在目的としており，「道徳」・「正義」の制度的設計である[22]。このような自然法的な考え方における婚姻制度は，それ自身が効力法であり，当為の法である。当為の法である以上は，それはまた枠組み・構造の背後にある正当性の基礎である（理由・根拠）。一旦この枠組みに入ると，絶対的個人主義は制限を受けなければならず，法実証主義の下で，人為的な法はこのように法規範を設計しなければならない。

　この枠組みに入った者が任意にそこから抜け出すことができないのはなぜ

かと主張されるかもしれない。その答えは，法実証主義に基づく本件判決に示されている。婚姻の締結自体が，婚姻の自由の範囲に属するものであり，（前述のとおり）憲法は結婚しない自由を保障するものではないが，婚姻を締結する自由とは，当該基本的特徴の拘束を受けないことを選択する自己決定権（選択権）を有していること，そしてこの自由は他者の干渉を受けないことを意味する。しかしながら，婚姻関係に入ることを選択した場合は，自己決定の結果として，婚姻制度による拘束を受けなければならず，婚姻の本質的枠組み及び婚姻法規範の制限を受けるのは自己の選択によるものである。本件判決の理由が婚姻の自由の立法による再分配について述べる際，「夫婦双方，子及び他者との生活形成や権益」等の要素を考慮すべきとするが，これは婚姻制度の本質に適合するものであり，正当な基礎を有する。

　さらに分析すると，本件判決は，国民の法感情（道徳観）に関する議論に加え，法治国原理，法実証主義の立場から，「婚姻に関する法的秩序と国民の法的感情を保護するために，専ら有責な者が恣意的に裁判離婚を請求することにより婚姻秩序を破壊することを防止するとともに，子がいるときは，未成年の子の利益も考慮して，婚姻家庭と社会的責任を維持する機能も有する。その立法目的は，正当と認められる」としている。筆者もこれを支持する。

(5)　衡平の要素の位置づけ

　基本権の衝突について，利益衡量の方法により，まず利益の優先順位を決め，優位な利益を有する者に保護を与えるというのは，憲法自身が基本権の価値秩序に関する割り振りを行っていない以上，正当ではない。しかしながら，本件判決は，説得力のある衡平の基準を示しており，それは婚姻制度の本質から見て，理性的人間が普遍的に有する道徳観である。婚姻に破綻が生じ，憲法が保障する婚姻の自由を再分配しなければならないとき，このような人類の理性により構築された道徳観・正義観，特に憲法の適用が及ぶ領域の現代国民の婚姻制度に対する共通の価値観は，優先的保護の問題を解決するに当たっての素材となり得る[23]。

　本件判決は，婚姻を維持する自由を優先させているようである。すなわち，

離婚を認めることが「道徳・正義の問題」を生じさせるときは，婚姻を維持する自由を主張する者に婚姻の自由が分配されるべきである。それでも，本件判決によれば，離婚を認めないことが離婚の自由を主張する者にとって明らかに「苛酷」であるときは，離婚を請求することができるとする。苛酷性の緩和手段は，「個別の事案における衡平」である（個別事案の具体的事情による決定）。

本件判決の論理は，表面的には，ドイツ民法1568条のような積極的破綻主義の立法例とは異なっている。ドイツ法の規定によれば，婚姻関係から生まれた未成年の子の利益のために婚姻を維持する必要がある場合，または離婚を拒絶する配偶者にとって離婚が極端に苛酷となる特殊な事情がある場合には，婚姻が既に破綻しているとしても，離婚することができないとされている。すなわち，ドイツ法においては，婚姻が破綻している場合，まず離婚の自由を保障し，極度に苛酷な場合に限り婚姻を維持する自由が保障される。これは本件判決とは逆の考え方である。

本件判決の議論の順序はドイツ法と異なるものの，本件判決は，立法者に対して，「婚姻を維持する自由を主張する者」に優先的に婚姻の自由を配分するよう指示するものではなく，あくまで，婚姻制度に対する国民の普遍的価値観に応えるために，国民の法的感情や普遍的道徳観の視線から問題を考えるように指示するにすぎないものと思われる[24]。このような考え方は，積極的破綻主義の立法モデルから逸脱しておらず，台湾の伝統的な婚姻価値観に合致するものであり，肯定的に評価されるべきである[25]。

Ⅵ　違憲部分に対する分析

1　離婚の自由の核心部分は干渉・剥奪してはならない

係争但書規定の立法趣旨は，専ら責任がある配偶者につき，前述の婚姻制度に関する道徳等の国民感情との衡平のために設けられた制限であると解することができるが，専ら責任がある配偶者に特殊な事情がある場合にも，離婚は認められないことになる。この点につき，本件判決は憲法22条が保障する婚姻の自由の趣旨に合致しないとする。

婚姻の自由の衝突につき，本件判決は，まず婚姻制度及び婚姻道徳の本質から出発しつつ，離婚の自由を保障する可能性を放棄していない。具体的には，個別事案の特殊な事情を考慮して，苛酷な状況が生じないようにする衡平な保護の手段がなければならない。判決理由第38段落においては，「婚姻を継続し難い重大な事由が生じたときは，夫婦の一方は裁判所に婚姻の解消を請求することができ，法律でこれを制限することが許されないものではないが，法律による制限に苛酷なところがないか，憲法による審査を受ける」，「有責配偶者の離婚請求の制限については，憲法22条が保障する婚姻の自由の趣旨に合致するかを審査して，個別事案において明らかに苛酷な状況を招かないようにしなければならない」とされている。

この判決理由の主旨は明らかである。すなわち，専ら責任がある配偶者については，道徳等の理由に基づき，立法（婚姻制度の設計）によりその離婚の自由を制限することができるが，個別事案の特殊な状況により，離婚請求を認めないことが明らかに苛酷であるときは，その離婚の自由を保障すべきというものである。前述のとおり，基本権は剥奪してはならず，制限することができるのみであり，そうでなければ基本権はその意義，機能及び価値を失ってしまう。

2 考慮すべき2つの要素

いわゆる特殊な状況は，個別事案の具体的状況によって異なる。これにつき，本件判決は2つの考慮要素を示している。第1に，夫婦の一方または双方に婚姻を継続する意思がなく（婚姻は外形上存在するだけで，相互の愛情や扶助という実質が失われていること），長期的にこのような状況に置かれる未成年の子の心身の健全な発達に寄与しないという実質的な基準，第2に，重大な事由が発生してから相当な期間が経過していること（判決理由第39段落参照）という客観的・形式的判断基準である。

3 個別事案における衡平に関する憲法上の比例原則による審査

離婚の自由と婚姻を維持する自由の衝突について，前者が譲歩しなければ

ならない場合（道徳・正義観），立法者は「制限的な法規範」により離婚の権利を制限するが，本件判決は，その制限に苛酷なところがないかを憲法により審査すべきとする。審査の根拠については明言されていないが，憲法23条の比例原則に基づく審査であろう。比例原則に適合しないときは，憲法22条が保障する離婚の自由に抵触することになる。

4 個別事案における裁判官による衡平的法創造または法規範の制度的保障に関する疑問

　本件判決は，離婚を認めないことが明らかに苛酷であるときは，離婚の自由を保障すべきであり，係争但書規定がこのような明文の規定を欠く点につき，憲法の趣旨に合致しない（違憲）とする。そこでの苛酷な事情は，本件判決では個別の事案における衡平として捉えられている。個別の事案における衡平は事案の状況によって異なり，具体的事情は多岐にわたるため，立法技術上，条文でこれを逐一詳細に規定することは不可能である。本件判決は，立法者に対して，専ら責任がある配偶者の離婚の自由を保障するために，「例示方式」を採るべきことを示すとともに，一般的な「苛酷条項」を示すにとどまっている。ただ，本件判決は，苛酷な事情がある若干の類型を自ら例示している。苛酷な事情は個別の事案において生じるものであり，司法裁判権の領域に属するものであるが，本件判決は，個々の裁判官に個別の事案において衡平を図る義務を課しているのか，それとも立法者に対して離婚の自由に対する制度的保障を形成するよう義務を課しているのであろうか。

5 規範的な衡量要素と個別の事案における衡平

　法形式的意義における「正義・道徳」と，個別の事案における衡平という概念は異なるものである。個別の事案における衡平は，大陸法系の国においては，裁判官が個別の事案において法の欠缺を発見したときに，正義や道徳のために法を創造する活動であり，衡平に基づく法創造である。衡平に基づく法創造に反対する者は，これは法治国原則に反し，衡平に基づく法創造は制定法ではなく，普遍性がなく，法創造者の主観的正義観念の影響を受け，

第2節　有責配偶者の離婚請求に関する裁判実務とその問題

差別的待遇がなされる可能性があるとする。これに対し，衡平に基づく法創造の価値を肯定する者もあり，立法上の不注意により個別の事案における不衡平が生じるときは，衡平に基づく法創造が期待されるものとする。アルトゥール・カウフマン教授は，「正義」と「衡平」は「視線の方向」が異なるため，これを区別すべきとする。正義は立法者の視線の方向であり，衡平は裁判官の視線の方向である。正義には普遍的な規範が存在しており，規範から出発して個別の事案に至る（演繹）。衡平は個別の事案から普遍的な規範に至る（帰納）[26]。

　個別の事案における衡平は，事案の累積からの帰納により，同じ類型に適用可能な規範を形成するものであるが，帰納に供することができる要素が欠けている[27]。大陸法系の国は実証法により法秩序を構築しているが，至る所に法の欠缺や不確定的法概念が存在しているため，規範の解釈が必要となる。しかし，解釈者は往々にして，自らの主観的経験知識，法理上の立場，人生観をもって，主観的に法規を理解・推論し結論を導き出す。その上，価値の順序の決定を規範に委ねるのは立法技術的に困難であり，裁判官に衡量を行わせる授権をせざるを得ないため，規範自身が恣意性を防止・制御する仕組みを備えていなければならない[28]。このような授権から生じる恣意性につき，オーストリアのErnst A. Kramerは，裁判官による衡量的決定について，法規自身がまず衡量要素（衡量基準）を定めなければならず，基準がないときは，法治国原則に合致するとは認められないとする[29]。

　本件判決は，個別の事案における衡平の観点から，具体的事案において専ら責任がある配偶者の離婚請求を認めないことが明らかに苛酷であるときは，衡平に基づく法創造をすべきとするが，衡平に基づく法創造は法治国原則を損なう可能性があるため，裁判官個人の恣意に流れることがないよう，立法者が係争但書規定において衡平の基準に関する明文の規定を設けることを期待している。

　本件判決の法学的方法は，規範的な衡量要因理論を意図している。そのため，判決理由第39段落後段において，「関係機関は，本判決の宣告日から2年内に，本判決の趣旨に従って適切な改正を行わなければならない。期限内

53

に法改正が行われない場合，裁判所は，このような事案につき，本判決の趣旨に従って裁判しなければならない」としている。「本判決の趣旨」とは，前述の「実質的基準」及び「客観的・形式的判断基準」であり，立法による形成を待たず，裁判官がこれに従って裁判することができることを示している。

Ⅶ 今後の裁判実務に関する影響評価

1 最高法院判決（判例）・決議は今後援用されてはならない

本件判決における憲法解釈の対象は，第2項の規定が憲法22条の保障する婚姻の自由に抵触するかという法規範に関する違憲審査，すなわち旧大審法が定める法規範違憲審査であり，最高法院の判決（判例）・決議（事実上の拘束力を有するものとされている）が婚姻の自由に抵触するかではなく，また憲法訴訟法が定める「確定裁判に対する憲法審査」でもない。そのため，最高法院の判例，決議や確定判決が違憲宣告を受けたわけではない[30]。

しかしながら，本件判決の理由は，1052条2項の適用範囲につき，自ら次のように解釈している。同項の規定は専ら責任がある配偶者の離婚の自由を排除するのみであり，この部分は違憲ではない（苛酷条項を設けていない点は違憲）。また，誤解を防ぐために，「婚姻を継続し難い重大な事由につき双方に責任がある場合は，その責任の軽重を問わず，係争規定の適用範囲ではない」（第34段落）と強調している。

憲法判決の拘束力については，「判決主文」に掲げられた部分についてのみ拘束力が生じ，「判決理由」は拘束力を有しない[31]。本件判決は法規範に対する憲法審査であり，憲法上の拘束力を有し，裁判実務は判決理由に示された法理上のコンテクストに従って，2項の意義を再定位することになろう。すなわち，最高法院の従来の見解によれば，責任がより重い配偶者は離婚請求権を有しないものとされてきたが，これに従って判決をすれば，違憲と宣告されることが想定される。そのため，本件判決の主文の拘束力以外に，「判決理由」も直接裁判実務に決定的な影響を与えるであろう。各審級の普通裁判所は，最高法院2006年決議が構築した「消極的破綻主義」，及び責任

がより重い配偶者は2項に基づき離婚を請求することができないという見解を捨てて，直接に本件判決の理由を援用し，専ら責任がある配偶者の離婚請求のみを排除することになるであろう。

本件判決は確定裁判を違憲としたものではないが，実質的には，最高法院2006年度第5回民事部会議決議，同2001年台上字第2193，2215号，同2006年台上字第1450号判決の見解を直接に否定するものと言える。

2 専ら責任がある配偶者を判断する必要性はもはやない

男女平等な夫婦の婚姻生活においては，夫婦の地位は平等であり，それぞれが独立した人格を持ち，生活習慣や子の教育に関する態度もそれぞれ異なり，婚姻費用をどのように負担するかについて一方が自己の意思を優先させることはできないため，お互いの意見が異なることは免れ難く，次第に疎遠になってしまう。専ら責任がある配偶者をどのように認定すべきか。

裁判実務において，夫婦各々が自己の考え方に固執して，それぞれ自ら生計を維持し，長期間別居して疎遠になっている場合について，最高法院2009年台上字第1233号判決は，婚姻が既に破綻して継続し難いとして離婚を認めている。同判決は責任の程度を比較することを忘れていないが，実質的には責任の軽重とは関係なく，長期的別居により感情が疎遠になり，婚姻が破綻したものとしている。判決理由では次のように述べられている。「夫婦が夫婦たる所以は，婚姻関係を通じて，お互いに支え合い，苦楽を共にし，理解し合い，愛情をもって付き添い合うことにある。夫婦が自己の考え方に固執して，ぞれぞれ自ら生計を維持し，長期間別居し，感情が疎遠になり，お互いに連絡を取っておらず，もはや他人に等しくなっており，実質的共同生活という婚姻の目的を達成することができなくなっている。このような婚姻について，まだ破綻しておらず，夫婦関係をまだ維持することができるとして，無過失，過失の程度が軽いまたは同等である配偶者の離婚請求を認めないならば，夫婦の道に反するものであり，明らかに経験則に反する」。

夫婦は相互に扶助義務を負うが，夫婦各々が自己の考え方に固執して，それぞれ自ら生計を維持し，お互いに連絡しないことと，婚姻破綻とは相互に

因果関係があり，婚姻破綻に原因があるとしても，長期間にわたって蓄積されたものであり，責任の帰属とは必然的な関係になく，重大な暴力や言葉により人格を毀損するような有責主義とは明らかに異なる。そのため，裁判実務の最大の困難は，破綻の原因がどちらの責任かをいかに判断するか，そして重大な事由とは何かを判断することにある。主観主義（責任の比較）を採ってどちらが「専ら責任がある配偶者」かを判断することも，裁判実務にとって不可能な任務であると言える。これに対して，別居の期間を婚姻破綻，婚姻を継続し難いか否かの客観的基準とすることは，便利かつ可能な方法である。本件判決が婚姻破綻の原因発生後の継続期間を強調している点は，賛成に値する。

　また，本件判決がいう「専ら責任がある」とは，「責任」帰属に関する非難ではなく，婚姻が破綻した後，離婚の自由を保障すべきか婚姻を維持する自由を保障すべきかという問題であると思われる。すなわち，婚姻の自由に関する権利・利益の再分配につき，保障すべきと判断した後も，離婚の自由は制限を受けるのみであり，剥奪されるものではない。制限の原因は，婚姻制度の本質たる「道徳・正義」に由来する。本件判決が挙げる「夫婦双方・子及び他者との生活形成や権益」という考慮基準は，婚姻破綻の責任帰属に関わるものではなく，破綻主義と主観的有責性を切り離している。今後の裁判実務においては，婚姻破綻の原因に関する「責任」を非難する必要はなく，離婚を認めたならば国民の法感情・道徳観に抵触するか否かを判断すれば足りる。この点について，筆者は既に黄宗楽教授の記念論文集の中で，有責配偶者の離婚請求の排除は，道徳観と信義則に基づく積極的破綻主義に対する例外規定にすぎないと指摘している[32]。

3　個別事案における苛酷な事情の考慮

　本件判決理由の考え方の筋道は，まず婚姻の自由の衝突に着目し，次に，離婚の請求を認めるとすれば道徳・正義の基礎の上に構築された婚姻制度に反するときは，婚姻の自由に関する権益を婚姻の維持を主張する者に配分し，第3に，離婚を認めないことが離婚の自由を主張する者にとって明らかに苛

酷であるときは，再度立ち返って離婚の自由を保障するというものである。

第3の部分について，本件判決は立法者に立法義務を課しており（この部分について違憲を宣告している），また裁判官が個別の事案を審理する際に苛酷な事情の有無を考慮すべきとしている。前述のとおり，立法義務と個別事案における衡平義務は視線の方向が異なるものである。本件判決は立法者と法執行者に対して苛酷な事情に対する保護手段を採るよう促している。この点，法改正前，あるいは法改正がなされなかった場合，裁判官は苛酷な事情を考慮する義務を負うであろうか。本件判決が違憲としている部分は，憲法22条の婚姻の自由及び23条の比例原則の問題であり，違憲である以上，立法機関は客観的法制度を形成する義務を負うが（立法給付義務），裁判機関については，離婚の自由の主観的権利としての性質に基づき，裁判機関に対する不法な侵害に対抗することができることから，民事裁判所はすぐに本件判決に基づき苛酷な事情の有無を考慮すべきであり，そうでなければ，憲法22条が保障する離婚の自由を侵害したこととなり，確定判決が違憲と宣告されるおそれがある（憲法訴訟法に基づく確定判決の憲法審査）。

4 苛酷な事情の考慮・認定基準と失権効

本件判決の主文により違憲とされたのは，苛酷な事情に関する規定がない点である。苛酷か否かは，「相当の期間が経過しているか，または当該事由が相当な期間継続しているか」を判断基準とする。つまり，時間の経過が関係している。婚姻が破綻して関係修復が困難であるとは，特定の時点における破綻ではなく，経過した期間の長短であり，客観性を有する（前述）。しかし，どれだけの期間の経過により婚姻が修復し難いものとなるのかは，本件判決の審査対象となっておらず，立法による形成の余地がある。判決理由第39段落において，立法による形成の自由が言われており，審査対象となっていない。

裁判実務に関わる点として，家事事件法57条1項によれば，婚姻関係に関する訴訟について，判決が確定した後，当事者は，請求の併合，変更，追加または反訴により主張することができた事実に基づき，同一の婚姻関係につ

き独立の訴えを提起することができない。すなわち，離婚の訴えについて，前訴の確定判決は遮断効を有する。しかし，婚姻破綻は事実関係が継続している状態であり，破綻の事実が持続している以上，前の離婚訴訟において訴えの変更，追加または反訴をしなかったとしても，失権効が生じることはない。

5　将来の立法政策に影響する部分—別居

　本件判決理由の第41段落は，立法者による婚姻制度の設計に関して大法官がその期待を述べている部分であるが，その影響はやはり大きい。別居については，「社会の変遷や現代の婚姻関係の多くの変化に対応するため，現行の裁判離婚制度を再検討するとともに，法規範の設計を適切に行う必要がある。例えば，裁判離婚に関する民法の規定において別居制度を採用するとともに，共同生活の事実がない別居が相当の期間に達することを裁判離婚の条件として明文で定めるか否かを検討することである」と述べている。

　私見によれば，婚姻とは，終生にわたり親密な生活関係を共同で営むことを目的とする本質的結合関係であり，憲法及び法律による制度的保障を受け，排他性を有し（司法院釈字第748号解釈の趣旨を参照），婚姻の締結により，配偶者は婚姻生活の円満な状態を共同で維持するために，社会生活規範及び法規範による拘束を受ける[33]。そのため，夫婦は，親密な生活関係を共同で営むための基本的義務として同居義務を負い，正当な理由なくしてその履行を拒むことはできない。夫婦の別居は，協議によるものか一方的な意思により生じたものかを問わず，一般の社会経験によれば，婚姻に破綻が生じているかの判断に供し得るものである。したがって，別居は最も客観的な証明方法である。ドイツ民法1566条がその例である。2001年11月7日に行政院が可決した改正草案では，別居が独立の法定離婚事由とされていたが，学者の多数はこれに反対であった[34]。本件判決がいう「裁判離婚に関する民法の規定において別居制度を採用するとともに，共同生活の事実がない別居が相当の期間に達することを裁判離婚の条件として明文で定めるか否かを検討すること」がどのような意味か，この部分は立法機関に対する拘束力はなく，その

判断に委ねられる。ただ，積極的破綻主義の下では，別居期間の長短を婚姻破綻の証明方法とし得ることには疑いがないであろう[35]。

Ⅷ　結　論

　台湾における法定離婚事由については，1985年改正の際に，婚姻を継続し難い重大な事由（1052条2項）が新設され，純粋な有責主義と破綻主義を並存させる立法形式が採用された。ただ，係争但書規定は，有責配偶者による離婚請求を排除しているため，解釈上，立法例として積極的破綻主義なのか消極的破綻主義なのかが争われてきた。最高法院の実務（決議，判決，判例）は，これを有責主義の下における消極的破綻主義と解し，婚姻破綻の原因についてより重い責任がある配偶者は同項に基づき離婚を請求することはできないと解してきた。

　本件判決は，有責配偶者の離婚請求の排除が憲法22条の保障する婚姻の自由に抵触するかにつき，係争但書規定を専ら責任がある配偶者の離婚請求を排除するのみであると解し，合憲解釈の余地があるとして，原則として合憲であるとした。しかしながら，婚姻の自由には離婚の自由が含まれ，婚姻を維持する自由との間で基本権の衝突が生じる場合，婚姻制度に関する法規範の設計すなわち婚姻制度の本質には正義・道徳観が含まれ，離婚を認めれば国民の法感情に反すること，また憲法22条の基本権は制限し得ないものではないことから，恣意的な離婚請求により婚姻秩序が破壊されることを防止するために，婚姻を維持する自由を保護すべきとした。これに基づき，係争但書規定は原則として合憲であるとした。

　しかしながら，完全に離婚の機会を奪うことが，特殊な事案において離婚の自由を主張する者にとって明らかに苛酷であるときは，離婚の自由を奪うに等しくなってしまう。そのため，本件判決は，係争但書規定に苛酷条項が設けられていない点を違憲とし，立法部に2年以内に法改正を行うよう指示した。

　本件判決は法規範に対する違憲審査であり，最高法院の決議・判決が違憲とされたわけではないが，裁判実務が構築してきた婚姻破綻の類型において

第1章　台湾における有責配偶者からの離婚請求

は，責任がより重い配偶者は離婚形成権を有しないとされているため，この点は本件判決により廃止されたに等しく，今後実務においてこれを援用することはできず，援用すれば確定判決に違憲のおそれが生じることとなろう。

　本件判決がいう専ら責任がある配偶者とは，破綻の責任帰属に対する非難ではなく，むしろ婚姻が破綻した状況における婚姻の自由の再分配である。これからの実務では，責任の帰属につき審理・認定を行わず，審理の重点は，婚姻が破綻して関係修復が困難であるか，夫婦双方や未成年の子にとって明らかに不利益であるか，及び離婚の自由を主張する者にとって苛酷な状況があるかに置かれるべきである。また，本件判決は係争但書規定に苛酷条項がない点を違憲としている。基本権は主観的防御権としての性質を有し，国家による不法な侵害に対抗することができるため，立法部による法改正までの間，普通裁判所の裁判官は個別事案を審理する際に，苛酷な事情について審理すべきであり，2年後にはじめて苛酷条項の審査義務が生じるものではない。

　本件判決は伝統的な婚姻家庭観に基づくものであるとともに，婚姻に関する台湾社会の一般的価値観に合致するものであり，大多数の国民の支持を得られるものであろう。しかし，真の重点は，本件判決は憲法22条が保障する離婚の自由を放棄したわけではなく，婚姻関係が実質的意義を失い，その存続が形式のみとなっており，離婚を主張する者に明らかに苛酷であるときは，離婚の自由を保障すべきとしている点である。本稿は，本件判決を肯定的に評価する。

【注】
　1) 離婚の訴えにおいて，離婚調停または訴訟上の和解をすることができるか。日本の人事訴訟法37条1項は，これを当事者が処分し得る事項とし，訴訟上の和解，放棄，認諾を認め，離婚調停も認めている。台湾の学説においては，離婚の訴えは形成の訴えであり，裁判所の形成判決によってのみ身分法律関係を変更または消滅させることができるとされており，離婚調停及び訴訟上の和解にどのような効力が生じるか，現在でも争いがある。家族法学説においては，婚姻関係を解消する効果のみを生じ，また

60

第2節　有責配偶者の離婚請求に関する裁判実務とその問題

離婚登記がなされてはじめて離婚の効力が生じるとするものが多い。すなわち，離婚調停または訴訟上の和解の成立は，訴訟法上の確定判決と同一の効力を有しない。

2）2008年改正の際に，1052条1項3号，4号，5号，6号及び2項の文言につき若干の修正がなされた。

3）最高法院1997年度第2回民事部会議決議は，2項の目的は裁判離婚の事由を柔軟化することにあり，1項各号の事由に該当しない場合であっても，2項により離婚を認めることは妨げられないとする。これに対し，1項の事由に該当しないときは，2項が定める重大な事由があるものと認めてはならないとする見解もある。

4）本件判決では詳細な説明がなされている。「婚姻を維持し難い」とは，抽象的・一般的な離婚事由である。但書の規定によれば，その事由につき夫婦の一方が責任を負うべきときは，相手方のみが離婚を請求することができる。これは「消極的破綻主義」の精神を採用するものであり，積極的破綻主義ではない。婚姻を継続し難い重大な事由は，婚姻が「既に破綻して修復の見込みがないこと」を判断基準とする。この基準は「客観的基準」であり，同一の状況に置かれたならば「いかなる者も婚姻を維持する意欲を失うであろう」程度に達しているか否かによる。また，重大な事由につき夫婦の一方が責任を負うべきときは，相手方のみが離婚を請求することができるのは，「もし有責配偶者の離婚請求を認めるならば，恣意的な離婚を認めるに等しく，それは婚姻秩序を破壊し，道義，特にクリーン・ハンズの原則に違反する」とともに，「国民の法感情及び倫理観」に適合しないからである。夫婦ともに有責であるときは，「双方の有責の程度を比較した上で，責任が軽い一方が責任が重い他方に対して離婚を請求することができ，責任の程度が同等であるときは双方ともに離婚を請求でき，責任が重い一方は責任が軽い他方に対して離婚を請求することはできないと解するのが相当である」。

5）林秀雄「有責主義，破綻主義與有責配偶之離婚請求」同『家族法論集（二）』88頁以下（1987年）。

6）魏大喨「海峽兩岸法定離婚之發展」『黃宗樂教授六秩祝賀論文集　家族法學編』67頁以下（2002年）。

7）司法院釈字第371号，572号，590号解釈により，司法院大法官事件審理法5条2項の適用範囲が拡大され，各審級の裁判所が事件を審理する際に，適用すべき法律について憲法に抵触する疑義が生じたときは，これを先決問題として訴訟を停止し，大法官に解釈を申し立てることができる。

8）2019年，司法院大法官事件審理法は憲法訴訟法に改正された。同法は大法官の憲法解釈権の手続的根拠について定めるものである。最も重要な改正は，確定裁判に対する憲法審査制度が設けられた点である。

9）中華民国憲法22条は，「人民のその他の自由及び権利は，社会秩序及び公共の利益を妨げない限り，すべて憲法の保障を受ける。」と規定する。憲法において既に各種の基本権の保障項目（保障リスト）が掲げられているが，保障される項目は列挙されたものに限られない。本条は基本権を一般的に保障するものであり，従来から，婚姻の自由の憲法上の根拠は本条に求められてきた。

10）司法院釈字第362号解釈は，婚姻の自由の権利と呼んでいる。学説においても，婚姻の締結は人格発展の自由の一環であるとされる。李惠宗『憲法要義』479頁（元照，2022年）。

11）婚姻の自由について，学説では制度的保障が強調され，国家は婚姻の自由を十分に

第 1 章　台湾における有責配偶者からの離婚請求

実現するため，適当な制度を構築する義務があるとされる。李惠宗・前掲注10）480頁。

12）司法院釈字第696号解釈は，「婚姻と家庭は人格の自由に基づくもので，社会の形成と発展の基礎であるから，憲法上の制度的保障を受ける。婚姻関係の有無により租税負担につき異なる待遇をし，夫婦の経済的負担を加重するならば，婚姻に対する懲罰に等しいものであり，憲法が婚姻及び家庭の制度を保障する本旨に反するものであって，係争規定によりなされる異なる待遇が平等原則に反しないかについては，比較的厳格な審査を受けなければならない」とする。李惠宗・前掲注10）482頁参照。

13）陳慈陽『憲法學』777頁（元照，2016年）参照。

14）陳慈陽・前掲注13）。

15）夫婦は貞操義務を負うというのが家族法学上の通説である。戴炎輝＝戴東雄＝戴瑀如『親屬法』125頁（2010年），陳棋炎＝黃宗樂＝郭振恭『民法親屬新論』139頁（三民，2010年），林秀雄『親屬法講義』123頁（元照，2011年）。実務においては，最高法院2022年台上字第2353号民事判決は，婚姻関係の締結は，婚姻生活の円満な状態を共同で維持し享受することを目的とするものであり，法律規範による拘束を受ける以外に，共同で婚姻生活を営むために，社会生活規範の拘束を受けるものと相互に承諾しており，こうした関係は排他性を有する，としている。

16）李惠宗教授は791号解釈に賛成している。李惠宗・前掲注10）483頁以下。

17）李惠宗・前掲注10）484頁以下。

18）この見解は，前述の林秀雄教授及び筆者の見解と同旨である。

19）基本権の衝突の解決は，それぞれが譲歩するものではなく，個別の事案において一方が他方に優先し，他方の基本権は抑制されるものであり，また事案の類型（同種または異種の基本権の衝突）に応じて衡量がなされるべきであるとするものがある（李惠宗・前掲注10）157頁）。しかしながら，基本権の衝突について個別の事案に応じて利益衡量をすべきとすれば，どのように利益の優先順序を決定すべきかという困難に直面することになる。

20）この点については，李惠宗教授も，婚姻の自由の制度的保障として，国家は各種の法規範（例えば民法等）により制度を構築する義務を負うとする。李惠宗・前掲注10）479-480頁。

21）中川善之助『身分法の総則的課題』1－9頁（岩波書店，1941年）。

22）筆者は，「海峽兩岸法定離婚之發展」（魏大喨・前掲注6））において，「民法1052条2項は積極的破綻主義に基づく立法であり，ただ，立法者は国民の道徳観や公平観に応じるために，但書で例外規定を設け，専ら責任がある配偶者の離婚請求を排除したに過ぎない」と指摘した。こうした道徳観は法実証主義の下での法律規範ではなく，自然法的考え方の産物である。

23）法学方法論の研究者によれば，法的論証のマクロ正当化のための共通の論拠は，実定法規範の各種の解釈方法，理論構成，制度的論拠を中核とするものであるが，これにより特定の事例の法解釈につき解決することができないときは，往々にして，一般の社会通念や常識，社会の共通認識となっている正義や衡平の感覚に依拠することになる，とされる。楊仁壽『法學方法論之進展─實踐哲學的復興』590頁（2013年）。

24）本件判決の理由第35段落は，次のように指摘する。立法院での審議において，法務部は，但書の規定について，離婚原因に「道徳上一定の制限を加える」必要があるため，離婚につき責任がある当事者は離婚を請求することができず，相手方のみが請求

できるものとして，不公平・不合理な結果が生じるのを避けるものだ，と説明している。大法官は，立法院公報73巻38期委員會紀錄133頁を参照している。

25）筆者が見るところ，本件判決の公表後，市民やメディアから本件判決に反対する声や報道は見られない。

26）Arthur Kaufmann（劉幸義等合譯）『法律哲學』160頁（五南，2000年）。

27）カウフマン教授は，これにより「当為の法」を得ようとすれば，まずすべての例証が真実であることを証明しなければならないが，前提の証明は不可能であり，完全に無用な陳述道具にすぎないと批判する。Kaufmann・前掲注26）85-86頁。

28）Ernst A. Kramer（周萬里訳）『Juristische Methodenlehre（法律方法論）』248-250頁（法律出版社，2019年）。

29）Kramer・前掲注28）248頁。

30）ちなみに，大法廷制度の実施に伴い，従来の判例や決議は事実上の拘束力を失っているため，最高法院2006年決議及び関連判例は，もはや違憲審査の対象となることはない。

31）民事訴訟の確定判決の既判力が判決主文についてのみ生じ，判決理由には生じないことは，民事訴訟法学の通説である。これに対して，憲法法廷の判決の拘束力は，判決主文に限られるのか，判決理由も含まれるのか，あるいは判決主文にとって重要性，決定的影響を有する理由については拘束力を生じるのか，明らかではない。これについては憲法訴訟法の専門家による解明が待たれる。

32）魏大喨・前掲注6）68頁。

33）最高法院2022年台上字第2353号民事判決の理由。

34）詳しくは，魏大喨・前掲注6）73頁参照。

35）この草案の規定は，共同生活をしない期間が5年に達したときは，離婚を請求することができるとする。この規定の仕方は，ドイツ民法1566条2項の「夫婦の別居が3年に達したときは，婚姻は破綻したものと推定する」のように，別居を婚姻破綻の証明とするものとは異なる。そのため，草案における別居が，具体的な離婚原因であるのか，婚姻破綻の例示であるのか，それとも婚姻破綻の証明であるのか，明らかにされる必要がある。詳しくは，魏大喨・前掲注6）73-78頁参照。

（WEI, Ta-Liang／最高法院法官兼部総括）

第3節

有責配偶者の離婚請求に関する法制の改正と課題
——破綻主義における別居の導入と苛酷条項に関する検討

呂　麗　慧

訳：小林　貴典

　離婚法上，いわゆる「積極的破綻主義」は，有責配偶者の離婚請求を否定する「消極的破綻主義」と異なり，離婚における有責主義の考え方を完全に捨て去り，たとえ離婚請求者が有責であっても，婚姻関係が客観的に破綻しているかのみを離婚の判断基準とするものである[1]。すなわち，婚姻が破綻してその継続を期待できないときに，形骸化した婚姻を維持することにもはや法律上の利益は存在せず，解消されるべきであるとの考え方である[2]。このように，有責配偶者の離婚請求を否定する伝統的制度を捨て去り，離婚の自由という方向に進むことは，現代の人格の自由の理念と世界の潮流に沿ったものである[3]。しかし，積極的破綻主義の貫徹は，2つの大きな問題を生じさせる。1つは，婚姻関係の破綻をいかに認定するかであり，もう1つは，破綻した婚姻関係を解消させることにより，配偶者または未成年の子に経済的・精神的に苛酷な状況が生じる場合，裁判所はなお離婚を認めるべきか，である。この2つの問題は，積極的破綻主義の立法モデルを採用するにあたり避けることができない重要な課題である。台湾の憲法法廷2023年度判字第4号判決（以下，「憲法法廷2023年判決」とする）は，上述の破綻主義の発展につき明確な指示を与えており，それはまた，本稿のテーマ「破綻主義における別居の導入と苛酷条項」についても，重大かつ深い影響を及ぼしている。本稿では，上述の2つの問題につき，憲法法廷の判旨も含めて分析・検討を行う。

第1章　台湾における有責配偶者からの離婚請求

I　破綻主義離婚法の歴史的発展

　判決離婚は，協議離婚とは異なり，一方が離婚の意思を有し，他方が離婚の意思を有しない状況において生じるものであるため，婚姻の公益性，離婚を望む者の離婚権と離婚される者の婚姻権の保護を実現するためには，法制度の設計が重要となる。離婚法の歴史的変遷から見ると，客観的に婚姻が破綻しているか否かを婚姻解消の可否の判断基準とするのが，現代の多くの国の離婚法が採用する共通の立法モデルとなっており，これがいわゆる破綻主義である。破綻主義は多数の国における現代離婚法の共通認識となっているが，これを詳細に見ると，伝統的な有責主義の問題点は，破綻主義への収斂の下でなお多くの困難な問題を抱えている。本稿が論じる別居や苛酷条項の問題を正確に議論するためには，まず破綻主義の歴史的発展を理解する必要がある。そこで，破綻主義離婚法の変容について，有責主義，消極的破綻主義，積極的破綻主義の順に論じることとする。

1　有責主義

　有責主義は，判決離婚について最初に採られた立法原則であり，配偶者の一方に法定の有責離婚事由があるときに，他方が裁判所に離婚を求めることができるとするものである。この立法モデルの下では，被告たる配偶者に主観的な有責性があるかが重視され，婚姻が客観的に破綻しているか否かは問題とならないため[4]，被告たる配偶者に有責離婚事由が認められれば，裁判所は離婚請求を認容することとなる。法定の離婚事由が存在している場合，婚姻は客観的に破綻しているのが通常であるが，被告たる配偶者の主観的な有責性が強調され，有責配偶者に対する制裁という応報思想，及び無責配偶者の保護という考え方に基づくものとされる[5]。

　しかしながら，有責主義の運用の下では，主に2つの弊害が生じる。第1に，法定の有責離婚事由がなくても婚姻が破綻していないとはいえず，実際上，法定の有責離婚事由がないにもかかわらず婚姻が破綻している場合，有責主義の下では婚姻を解消することができない。第2に，法定の有責離婚事由は具体的に列挙することができるが，婚姻関係における有責性は感情的な

要素を含み，時に複雑で判断が難しく，有責性を離婚の基準とすれば，有責性をめぐる事情につき配偶者が相互に争い，互いの傷やプライバシーを暴き合うこととなり[6]，既に危機に瀕している婚姻関係を一層悪化させることになる。こうした弊害を改めるために，有責主義を止揚する破綻主義が生まれることとなった。

こうした経緯から生まれた破綻主義であるが，最初からこれが積極的に貫徹されたわけではなく，その進化の歴史を見れば，紆余曲折であったことが知られる。理論上は消極的破綻主義と積極的破綻主義とに区別される。以下，それぞれにつき説明する。

2 消極的破綻主義

破綻主義の始まりとされるのは，スイスの1907年民法142条1項の次のような規定である。「婚姻関係が深刻に破壊されたため，夫婦に婚姻共同生活を強いることができないときは，夫婦のそれぞれが離婚を請求することができる」[7]。この規定によれば，婚姻が客観的に破綻していれば，配偶者の主観的な有責性を問わず離婚することができる。有責事由はないが婚姻が既に破綻している場合にこれを解消することが認められるだけでなく，プライバシーの侵害や夫婦が相互に非難し合うという，有責主義に対する長年の批判も解決できることとなる。しかし，現実にはそう順風満帆ではなく，破綻主義に伴って2つの問題が生じる。第1に，裁判所は客観的な破綻を認定しなければならないが，その審理の過程においてやはりプライバシー侵害の問題が生じることは避けられない。第2に，客観的な婚姻破綻を離婚の判断基準とすれば，有責者たる原告も婚姻の解消を請求することができることとなり，有責者は被告としかなり得ないという伝統に反し，相手方配偶者に対する公平性に疑問が生じる。第1の問題は後述の別居の問題に関わるため，後に論じることとするが，第2の問題は以下に論じる消極的破綻主義につながるものである。

いわゆる消極的破綻主義とは，有責配偶者の離婚請求を否定することを中核とするものである。客観的な婚姻破綻により離婚が認められるという破綻

主義の精神の下では，本来は配偶者の有責性は考慮されないが，ただ，離婚を請求する者が，自ら招いた有責事由に基づき離婚という利益を得ることができるとすれば，クリーン・ハンズの原則に反する[8]。また，無責の相手方配偶者が離婚を強制されるとすれば，十分な保障がなされない状況の下で扶養請求権や相続権を失うこととなり，公平を失する[9]。法的公平性の考慮のほか，有責配偶者の離婚請求を認めることは，民法上の信義則に反し，権利濫用の疑念もあり[10]，国民感情や道徳観の観点からも疑問がある。そのため，スイス民法142条2項は，「深刻な婚姻破綻につき，配偶者の一方が主たる責任を負うべきときは，他方のみが離婚を請求することができる」と規定し[11]，立法当初は破綻主義の精神を徹底していなかった。その後，ドイツの1938年婚姻法55条2項や[12]，台湾の1985年民法改正により増設された1052条2項但書といった規定も，有責配偶者の離婚請求を否定している。

しかしながら，消極的破綻主義は世界の主流になることはなく，それに対する批判が強くなっていった。最も大きな問題は，離婚法の流れが破綻主義へと向かう中で，原告が有責配偶者であるために離婚請求を否定すれば，有責主義の弊害が再び生じることになるという点である。そこで，消極的破綻主義に対抗する積極的破綻主義が主流となっていく。その過渡期には，いわゆる「折衷的破綻主義」が現れ[13]，双方の有責性を比較する[14]，原告の有責行為は被告に誘発されたものであった[15]，原告の有責行為と婚姻破綻の間に因果関係が存在しない[16]，被告も離婚の意思を有する[17]，風化理論や権利濫用に基づき有責性が阻却される[18]，苛酷な事情があらかじめ除去されている[19]，といった場合に，有責配偶者の離婚請求を認めるべきと主張された。

現在の破綻主義の潮流から見ると，消極的破綻主義を採っていた国の多くは，折衷的破綻主義を経て，既に積極的破綻主義に移行している。例えば，最も早く破綻主義を採用したスイスでは，2000年に有責配偶者の離婚請求を制限する規定を削除し（スイス民法114条参照）[20]，積極的破綻主義が採用されている。

第3節 有責配偶者の離婚請求に関する法制の改正と課題

3 積極的破綻主義

積極的破綻主義とは，配偶者双方が互いに扶助し合って生活を営むことに婚姻の意義と価値があると考え，婚姻が既に破綻し共同生活の継続を期待できないときは，こうした形骸化した婚姻を法律上維持する利益はなく，有責性を問わず，客観的に婚姻が破綻しているかのみを判断基準とするものである[21]。こうした積極的破綻主義の貫徹は，1組の不幸な婚姻を解消することで，2組の幸福な婚姻を生み出すことができる可能性があるという考え方の下で，現状を直視して将来を展望する現実的なものであるとともに，離婚の自由という現代の思潮を示し，人格の自由という普遍的価値に合致するものであって，今日の世界の離婚法の趨勢となっている[22]。

積極的破綻主義を実現するための第1の課題は，有責配偶者の離婚請求を認めることである。台湾は，憲法法廷2023年判決の後，世界の潮流に沿って積極的破綻主義を採用するにあたり，2つの大きな問題を避けて通ることができない。第1に，客観的な婚姻破綻をいかに認定するか，第2に，こうした離婚の自由化により，配偶者または未成年の子が経済的・精神的に苛酷な状況に置かれるときにも，一律に離婚を認めるべきか。以上の2点が本稿の主眼であり，以下「別居」と「苛酷条項」につきそれぞれ論じる。

Ⅱ 別居に関する検討

裁判離婚については積極的破綻主義がすでに世界の主流となっているが，婚姻関係の破綻の認定は難しく，当事者が婚姻関係の破綻を証明するために法廷でお互いのプライバシーや傷を暴き合うことは，破綻に瀕した婚姻関係をさらに悪化させるのみならず，有責主義に絡め取られる結果にもなる。そのため，別居を客観的な婚姻破綻の徴表とするのが明確性に優れており，積極的破綻主義を採用している多くの国で共通の選択となっている[23]。また，夫婦が正当な理由なく長期間別居することは，夫婦が協力し合って共同生活を営むという婚姻の目的に反するものであるから，それにより婚姻関係の客観的破綻が示されることは，言を俟たない[24]。そのため，別居を婚姻破綻の徴表とし，いずれは解消しなければならない破綻した婚姻関係に対して合

69

理的な退場のための期間と出口を与えることにも，その意義と価値が認められる。本稿では，積極的破綻主義における別居の導入という課題につき，別居を婚姻破綻の徴表とすることを中心としつつ，将来の立法において別居制度も併せて導入すべきかについても論じることとする。

1　別居を婚姻破綻の徴表とすること

　積極的破綻主義が本質的に有する最大の問題は，婚姻破綻をいかに認定するかである。婚姻に修復し難い破綻が生じているか否かにつき，実際に判断するのは相当困難であるが，その判断は事実認定の問題であり，個人の主観的価値判断を許すべきではないため[25]，客観的角度から婚姻の破綻が生じているかを判断すべきであることが共通の認識となっている。例えば，アメリカ法においては，有責主義から無責主義への改革の中で，婚姻破綻について3つの判断基準が議論された。第1は，協議離婚の形式であり，当事者双方が婚姻破綻を明確に主張するときは破綻しているとするもの，第2は，一方的離婚の形式であり，当事者一方が婚姻破綻を明確に主張すること，すなわち一方が離婚を請求していることをもって婚姻破綻を認定するもの，第3は，婚姻破綻について客観的基準を設けるものである。立法者は双方の合意や当事者の一方の請求による離婚に強く反対しているため，主観的基準により婚姻破綻を認定する第1・第2の方法は除外され，婚姻破綻の客観的基準を設ける第3の方法が最も支持を受けている[26]。

　しかしながら，何をもって婚姻破綻の客観的基準とすべきか，それをどのように認定すべきかが，積極的破綻主義の大きな課題となる。まず，婚姻破綻は不確定的な抽象概念であり，その基準を明確にできないという困難が生じる。また，感情そのものも事案によって異なり，どのような状況であれば婚姻破綻が生じるのか，統一的な基準は存在しない。さらに，積極的破綻主義は有責性を放棄するものであるが，婚姻破綻の実際の事案において有責性の問題が存在しないわけではなく，事実上，多くの婚姻破綻は有責事由により生じる[27]。こうした点は，裁判所が婚姻破綻の有無を審理する際に過大な負担を生じさせるもので，これを慎重に判定しようとすれば，夫婦のプラ

イバシーが法廷にさらけ出されることは避け難く，有責主義の問題点が解決されないのみならず，より多くの混乱を招きかねない。また，婚姻破綻を細かく厳密に認定するとすれば，離婚は困難となり，現代の離婚の自由化の趨勢や破綻主義の趣旨に逆行することにもなりかねない。そのため，婚姻破綻の認定については，立法上の準則として，裁判所に審理させないようにするのが一般的な共通認識となっている。

　こうした立法上の準則の下で，積極的破綻主義を採る国においては，立法上，一定期間の別居をもって客観的基準とすることが多い。離婚の前に一定期間の別居という「待機期間（Waiting Period)」を設けることで軽率な離婚を避けるとともに[28)]，恣意的な裁判を減少させ，当事者の予測可能性を確保することもでき，破綻主義の趣旨をより正確に実現することに資する[29)]。そのため，積極的破綻主義を採る国においては，配偶者の有責行為のみを離婚事由とすることをやめ，または有責配偶者の離婚請求に対する制限を廃止するにあたり，一定期間の別居を婚姻破綻の徴表とするものが多い。適切な別居期間については，更に慎重な検討が必要である。法定別居期間の経過後は，婚姻が破綻しているかどうかを争うことはできなくなるため，あまり短すぎてはならないが，逆に期間が長すぎると，形骸化した婚姻関係の解消を遅らせてしまうことになり，破綻主義の目的に反する[30)]。外国の立法例を見ると，スイス民法114条は，2年の客観的別居を婚姻破綻事由とする。ドイツ民法1565条，1566条によれば，婚姻が破綻したときは離婚を請求することができ，合意に基づき離婚を請求するときは，1年の別居により婚姻の破綻が推定され，一方のみが離婚を請求するときは，3年の別居により婚姻の破綻が推定される。フランス民法238条によれば，夫婦に共同生活の事実がないことをもって修復不能な婚姻の破綻を認定することができ，2年の別居が離婚事由とされている[31)]。アメリカでは，法定の別居期間は一般に60日から3年とされており，離婚の合意があるか否かにより異なった期間を設ける州もある[32)]。

　別居を婚姻破綻の徴表とすることは，積極的破綻主義を採る国の立法で広く採用されているが，実際の適用には困難がつきまとう。まず，裁判所は，

第1章　台湾における有責配偶者からの離婚請求

別居の事実を審理するために調査をしなければならない可能性があり，別居を婚姻破綻の徴表とすればプライバシー侵害の問題が生じないわけではない。例えば，原告が法定の別居期間の経過を主張して離婚を請求したのに対し，被告が，当該別居期間は婚姻破綻により生じたものではなく，留学や仕事等の原因で双方の同意によるものであると主張するような場合[33]，裁判所が介入して審理すべきかは難しい問題である。裁判所が介入して審理すれば，別居が本当に婚姻の破綻を意味するものかを明らかにすることができるが，介入の結果として，別居を婚姻破綻の徴表として裁判所による介入・審理を要しないという利点が失われることとなってしまい，盲点の1つとなりかねない。もう1つの問題は，期間の算定の問題である。別居の期間が完全に連続的ではなく，別居後に夫婦が仲直りするような事態が何度も繰り返されたような場合には，裁判所による認定や算定に困難が生じ，上述の裁判所の介入の問題が再び生じることになる。

　このように，一定期間の別居を婚姻破綻の徴表とすることは，離婚法の発展における必然的な産物となっている。このような別居離婚については，一方による悪意の遺棄のための便利な道具になりかねない，あるいは，有責配偶者が離婚訴権を取得しやすくなってしまうとの批判があり得るし，上述の問題点も解決する必要がある。しかし，夫婦が正当な理由なく相当の長期間にわたって共同生活・相互扶助の実体を欠いているのであれば，婚姻の目的はすでに達成することができなくなっている。したがって，一定の別居期間を経て，配偶者の一方が離婚を請求するときには，別居の事実を婚姻破綻の徴表と認定して離婚を認めることが実情に即しており，これは積極的破綻主義の貫徹に対応するもので，わが国の将来の立法においてもこれが採られるべきである。また，わが国では別居制度が設けられていないが，将来，一定期間の別居を婚姻破綻の徴表とするのであれば，立法の仕方として，一定期間の別居を婚姻破綻の徴表として規定するのみとするか，それとも法律上の別居制度の導入を前提として併せて規律すべきかが問題となる。，以下，これについて論じる。

2 離婚法に独立の規範を設けること

　台湾の現行法では，別居制度は設けられていない。別居を婚姻破綻の徴表とするに当たり，方法は2つある。1つは，現在の立法モデルを維持して，一定期間の別居が婚姻破綻の徴表であるものと明文で定めずに，裁判実務に委ねるものである。台湾民法1052条2項前段は，「前項以外の重大な事由により，婚姻を継続し難いときは，夫婦の一方は離婚を請求することができる」と定めているが，実務においては，一定期間の別居の事実をもって婚姻を継続し難い重大な事由が認定されている。例えば，最高法院2001年台上字第1965号判決は，「双方は20年以上別居しており，他人に等しくなっており，客観的に見て既に夫婦の共同生活は存在せず，婚姻を維持する意欲を喪失しているのであるから，民法1052条2項の婚姻を維持し難い重大な事由に該当する」としている[34]。注意すべきは，実務上，短期間の別居を婚姻破綻の徴表として認定する事例は少なく，長年の別居をもってこれを認定するものが多いと思われる点である。これは，現行法では一定期間の別居を婚姻破綻の徴表として定めていないため，慎重に認定しているものと思われるが，別居を婚姻破綻の徴表とする本来の趣旨を十分に生かすことができなくなってしまう。また，民法1052条2項但書は，「ただし，その事由につき夫婦の一方が責めを負うべきときは，他方のみが離婚を請求することができる」と規定し，現行法は消極的破綻主義を採用している。実務上，一定期間の別居を婚姻破綻の徴表として婚姻を維持し難い重大な事由を認定することができるとしても，但書の規定により，当該別居の事実が夫婦どちらの責任によるべきかを明らかにした上で，離婚請求者たる一方に責任がある，またはその有責性がより大きいときは，離婚は認められない[35]。このように，民法1052条2項但書が削除されなければ，別居を婚姻破綻の徴表とすることの意味は大幅に制限されることになる。

　以上のような第1のモデルが直面する困難に鑑みると，第2の方法として，別居を婚姻破綻の徴表として明文で定める立法方式の方がより適当かもしれない[36]。この方式では，別居の一定の期間を定めなければならないが，上述の外国の立法例を参考にすると，1年から3年程度の期間が適当であると

思われる。また，前述のように，別居を婚姻破綻の徴表とする判決離婚は積極的破綻主義の表れであるから，有責性の概念を加えるべきではなく，論理的には民法1052条2項但書の規定は削除すべきである。しかしながら，憲法法廷2023年判決は，民法1052条2項但書の規定は原則として違憲ではないとしており，この規定を直接削除してしまうことは相当ではないとも思われる。もっとも，更に検討すると，同判決は民法1052条2項但書の規定は違憲ではないとしつつ，その適用範囲を原告が専ら有責な場合に限定しており，また長期間の経過により有責配偶者の離婚請求を制限することが明らかに苛酷であるときも，例外的に同但書を適用しないものとしている。立法者は，この例外の場合を条文に定めることで，別居を婚姻破綻の徴表とすると同時に有責配偶者の離婚請求を否定することの矛盾を緩和することができるかもしれない[37]。これについて，将来的に立法によりどのように適切な調整がなされるか，立法者の智慧が試される。

3　別居制度を併せて規定すること

　現在，わが国の民法には別居制度に関する規定はないが，多くの研究者は別居制度が将来的に必要になると予測していた[38]。別居制度に関する具体的な立法上の動向としては，2005年，沈智慧立法委員が再度1052条の改正案を提出すると，黄淑英立法委員は，法務部に対して別居制度につき包括的な検討・起草を行うよう求め，民間団体も別居制度の必要性を認識するようになる。そこで2006年から，女性権益促進会〔訳注：民間団体〕は，弁護士，学者，女性団体の代表を招いて研究会を組織するとともに，「別居制度法改正連盟〔原文：分居制度修法聯盟〕」を結成した。同連盟は，一定の別居期間を裁判離婚の事由とするほか，別居の事由，方式，期間，別居期間における未成年の子の親権，夫婦財産上の権利義務関係等の問題につき関連規定を設けるべきであると主張して，2007年から2008年の間に19回の会合を開き，「別居期間草案条文」を作成した。その後，黄淑英立法委員が2011年6月に提出した「別居法草案」が立法院で委員会審議に付され[39]，法務部も「民法親族編における別居制度の新設」につき検討を続けている[40]。このよう

に，別居の法制化については政府や民間団体による努力が続けられてきたが，現在まで実現していない。

　以上の別居法に関する草案の分析から，別居を婚姻破綻の徴表とするとともに別居制度について併せて規定を設ける場合の〔立法〕モデルを模索することができる。すなわち，別居に関する規定を新設するにあたっては，別居を協議による別居と裁判による別居の２つに分け，その成立要件，存続期間を明文で定めるとともに，別居期間中の財産上の権利義務や未成年の子の親権に関する規定も加えることで，離婚前の別居について従うべき明文の規範を設け，別居を婚姻破綻の徴表とする明文の規定とより良い整合性を図るというものである。例えば，2012年に多くの立法委員により「民法親族編部分条文改正草案」が提案された際には，別居制度について包括的な規定を設けるとともに（第六節），離婚（第五節）について，民法1052条３項に，「夫婦が協議または宣告に基づき三年以上別居しているときは，裁判所に離婚の訴えを提起することができる」との規定を設けることが提案されており[41]，これは別居を婚姻破綻の徴表とすることと別居制度を併せて規定する適例である。

　まとめると，別居を婚姻破綻の徴表とすることで同時に別居制度の新設が必要となるわけではないが，両者は密接な関係を有しており，完全に切り離すことは難しいため，別居を婚姻破綻の徴表とする法改正が提案されるたびに，別居制度を併せて設けるべきとの声が少なくない。憲法法廷2023年判決はこのような立法の動向を再燃させたようであり，将来の法改正の際には，別居を婚姻破綻の徴表とする立法モデルの採用と併せて，包括性を期して別居制度を導入することが考えられる。

Ⅲ　苛酷条項に関する検討

　積極的破綻主義の導入は，婚姻が破綻しているかのみを離婚の判断基準とするため，離婚原因の絶対化をもたらすものであり，これを厳格に行えば離婚の自由が大きく拡大され，離婚率の大幅な上昇のほか，弱い立場の配偶者や未成年の子の生活に生じ得る困難などの弊害をもたらす可能性がある。特に，前述のとおり，積極的破綻主義を採る多くの国では，別居が婚姻破綻の

徴表とされているが，一定期間の別居により離婚し得るものとすれば，一方が悪意の遺棄により別居することで離婚の目的を達することができることになり，相手方があまりにも苛酷な状況に置かれることになりかねない。そのため，弱い立場の配偶者や未成年の子について，積極的破綻主義を貫くことが明らかに公平や正義に反するときには，たとえ婚姻が破綻しているとしても，裁判所が苛酷な状況を考慮して例外的に離婚を認めないという規定は，一般に「苛酷条項」と呼ばれる[42]。これを積極的破綻主義に取り込むことは，破綻主義の離婚原因を絶対化から相対化へと再転回させるものであり，積極的破綻主義に対する一定の制約となる。ここにいう苛酷条項は，破綻主義において一般に言われるものであり，これを「伝統的苛酷条項」と呼ぶこととする。これに対し，憲法法廷2023年判決においては，伝統的苛酷条項とは異なる意味で苛酷の問題が論じられており，これを「憲法法廷が言う苛酷条項」と呼ぶこととする。以下では，この両者についてそれぞれ論じる[43]。

1　伝統的苛酷条項

　苛酷条項は，有責配偶者の離婚請求を制限する消極的破綻主義が後退した後，積極的破綻主義に対する牽制として現れたものである。消極的破綻主義も苛酷条項も，裁判所が破綻した婚姻の解消を認めるべきか否かに焦点を当てており，その適用は積極的破綻主義による離婚の自由化の効果を低減させるものであるが，両者には異なる点がある。消極的破綻主義は，婚姻破綻に対する当事者の主観的有責性の有無を重視する。これに対して，苛酷条項は，婚姻破綻に対する有責な原因を問わず，離婚の客観的結果として相手方配偶者や未成年の子に苛酷な状況が生じるか否かを基準とする。この両者の内，現代離婚法においてより支持されているのは苛酷条項である。世界の立法の趨勢からすれば，消極的破綻主義の後退と苛酷条項の導入は，婚姻破綻に係る過去の有責性にこだわらず，懲罰の考え方を捨て，婚姻破綻という客観的現状を積極的に直視し，救済の観点からアプローチするものであり，時代の趨勢に沿ったものである。

　外国法を見ると，積極的破綻主義を採用している国では，これを緩和する

第3節　有責配偶者の離婚請求に関する法制の改正と課題

ための衡平を図る仕組みとして苛酷条項を採用するものもある[44]。例えば，ドイツでは，民法1568条により，「婚姻により生まれた未成年の子の利益のために婚姻を継続させることが必要な特別の理由があるとき，または，離婚が例外的な事情により離婚を拒否する相手方にとって深刻な困難をもたらし，申立人の利益を考慮しても，婚姻の維持が例外的に必要であると認められるときは，婚姻が破綻していたとしても，離婚することはできない」と規定されている[45]。このドイツ民法の規定は，積極的破綻主義の下で苛酷条項を設ける典型例であり，積極的破綻主義がもたらしうる極めて不公平な状況について限界を画すものである。また，日本においては，著名な最高裁判所大法廷昭和62年9月2日判決は，有責配偶者の離婚請求を認めるべきかについて，別居期間，双方当事者の年齢及び未成年の子の有無等の要素のほか，相手方配偶者が離婚により精神的・社会的・経済的に苛酷な状況に置かれないかを考慮すべきものとしており，これも積極的破綻主義に苛酷条項を採り入れた実例である。

　これに対して，英米法系諸国においては，苛酷条項は積極的破綻主義に必然的に伴うものとはされていないようである。例えばイギリスにおいては，旧法では相手方の苛酷な状況は5年の別居による離婚を許さない事由として規定されていたが，当該規定はすでに削除されている[46]。またアメリカ法では，積極的破綻主義を徹底するに際し苛酷条項に対応する仕組みは設けられておらず，苛酷な状況に対しては離婚の効果において対応がなされることが多く，有責配偶者は財産分与や離婚後扶養についてより多くの負担が求められ，離婚により苛酷な状況に置かれる配偶者に対して実際上の救済がなされている[47]。また，ヨーロッパ大陸法系のフランスでも苛酷条項は廃止されている[48]。このように，苛酷条項は，有責配偶者の離婚請求に対する制限を廃止するにあたり，積極的破綻主義に対するブレーキとしての役割を果たしてきたものであるが，積極的破綻主義を損なう可能性や，個別の事案に伴う不確定性があるため，破綻主義を採る国の多くに支持されているわけではないようである。

　確かに，消極的破綻主義による積極的破綻主義の抑制に比べて，苛酷条項

77

第1章　台湾における有責配偶者からの離婚請求

の殺傷力はより大きいものがあるかもしれない。というのも，消極的破綻主義は有責配偶者の離婚請求を制限するもので，原告が有責である場合に限って適用されるものであり，原告が無責であれば適用されない。これに対して，苛酷条項は当事者の有責性を問わず，原告・被告が有責であろうとなかろうと基本的にすべて適用される可能性がある。つまり，立法により苛酷条項を設ければ，裁判所はすべての事案において苛酷な状況の有無を審理しなければならない。そのため，適用があり得る事案の数からみれば，破綻した婚姻について離婚が認められないケースは，消極的破綻主義による有責配偶者の離婚請求の制限よりも苛酷条項の方が多くなり得る。このような事態は，積極的破綻主義に向けて努力する国にとって，決して望ましいものではない。

　苛酷条項には以上のような疑念があるため，苛酷条項を設けるのであれば，その適用に当たり特に2つの点に注意しなければならない。第1に，いわゆる苛酷な状況とは，離婚の相手方またはその未成年の子について，離婚の結果として「極度」に苛酷な状況が生じるという「例外」的な状況をいう。というのも，裁判所が離婚を認めようとする場合，婚姻は既に破綻しており，また相手方が望まない離婚である以上，離婚は相手方や未成年の子にとってある程度の苛酷さを本質的に有するものである。離婚の厳格化が復活することがないよう，「例外は厳格に解すべき」とのルールに従い，極めて苛酷な場合に限る慎重さが必要である[49]。第2に，苛酷条項は離婚当事者の有責性を判断基準とするものではないが，離婚請求者が有責で相手方が無責である場合には，公平・正義の理念の下で，状況の苛酷さが増加する可能性があることは確かである。しかしながら，有責配偶者の離婚請求に対する制限の撤廃という思潮の下で，裁判所は苛酷条項の適用に慎重でなければならず，相手方が報復を合理化するための理由として苛酷条項を利用し，積極的破綻主義の核心的な価値や機能に影響を及ぼすことを防がなければならない。

　最後に，判決離婚は原告が離婚を請求し被告は離婚を望まない場合であるため，一般に，裁判所が離婚を認めれば，被告は離婚を強いられたことにより，原告に比べて相対的に弱い立場に置かれる。苛酷条項を設けることにより，裁判所は原告に対して，離婚給付上の一定の保障や，未成年の子につい

78

て適当な取決めがなされてはじめて離婚することができると促すことができる[50]。こうした運用により，苛酷条項のもう１つの隠された機能として，相手方または未成年の子にとって苛酷な状況がある場合，離婚できないのではなく，苛酷な状況をあらかじめ取り除けば[51]，離婚ができることになる。これに対して，苛酷条項を設けないのであれば，離婚自体は苛酷な状況の影響を受けないが，これを離婚の効果において考慮すること[52]，すなわち，裁判所が離婚後の財産給付について審理する際に，判決離婚により相手方または未成年の子に対して生ずる苛酷な状況を離婚給付の考慮要素とすることも考えられる。

2　憲法法廷が言う苛酷条項

以上論じてきたのは一般によく知られた苛酷条項についてであるが，憲法法廷2023年判決が示した苛酷な事情は，これと異なるところがある。すなわち，憲法法廷は，有責配偶者の離婚請求を制限する民法1052条２項但書の規定は違憲ではないが，当該規定は専ら責任がある配偶者が離婚を請求する場合にのみ適用されるとする[53]。そして，「専ら責任のある配偶者による離婚請求を一律に認めず，その離婚の機会を完全に奪うと，個別の事案において明らかに苛酷な状況を招くおそれがある」として，婚姻を継続し難い重大な事由が発生した後相当期間が経過しており，専ら責任がある配偶者の離婚の権利を奪うことが苛酷な状況を招くときは，有責配偶者の離婚請求を制限することは違憲となるものとした。この判決は，消極的破綻主義の適用領域に更なる限定を加えるものであり，〔1052条２項但書の適用範囲が〕配偶者に専ら責任がある場合に限られ，さらに有責配偶者の苛酷な状況が考慮されることで，積極的破綻主義の貫徹という方向性に近づいている。また，憲法法廷は，有責配偶者が長期間にわたり離婚できないという苛酷な事情をもって，例外的にその離婚請求権を保障することで，有責配偶者の離婚請求に対する制限を合憲と宣告することのインパクトを緩和し，国民の現在の法感情との微妙なバランスを図るとともに，将来の立法の余地を拡げたものである。

この憲法法廷が言う苛酷条項は，憲法法廷の独創によるものと言えるが，

その理論的基礎については，日本法の「有責性風化論」に類似の観点を見出すことができる。前述のとおり，消極的破綻主義から積極的破綻主義に移行するにあたり，いわゆる折衷的破綻主義が現れ，その中で有責性風化論が主張されていた。この説は，長時間の経過により，被害者に対する加害者の行為に風化の効果が生じ，有責性が免除されるというものである[54]。これによれば，有責配偶者の離婚請求が否定されるとき，婚姻破綻から長期間が経過し，当該破綻の事実が既に当初の「作られた」状態から「存在」の状態に転化しており，事情変更の原則が適用され，こうした場合には相手方の「離婚されない権利」が侵害されるという疑念は生じないものとされる[55]。そのため，当初の原告の有責性は長時間の経過により風化して遮断され，裁判所は有責配偶者の離婚請求を認めるべきことになる。また，前述の日本で有責配偶者による離婚請求を認めた画期的な最高裁判所大法廷昭和62年9月2日判決は，離婚により相手方に生じる苛酷な状況の他に，当該事案における夫婦が約36年という長期間別居しており，同居期間と対比して，離婚請求を認容することが社会正義に反するとは言えないことを重要な考慮要素としている。当該判決が意味するのは，有責配偶者がこれほど長期間待っても裁判所がなお離婚を認めないことは苛酷であるということであると思われ，台湾の憲法法廷が言う苛酷条項の意義と類似するところがあると思われる。

3 伝統的苛酷条項と憲法法廷が言う苛酷条項の比較

更に検討すべきは，憲法法廷が創り出した苛酷条項は伝統的苛酷条項とどのように異なるかである。第1に，苛酷な状況について，憲法法廷が言う苛酷条項は離婚を請求する原告に関して適用されるのに対し，伝統的苛酷条項は相手方または未成年の子に関して適用される。第2に，時間について，憲法法廷が言う苛酷条項は，長期間の経過にもかかわらず離婚できないことから生じる苛酷な状況を強調するものであるのに対し，伝統的苛酷条項は，原告の離婚請求により相手方が離婚を「直ちに」余儀なくされ，その時間的な性急さから生じ得る苛酷な状況を問題とする。第3に，憲法法廷が言う苛酷条項の適用は積極的破綻主義の方向へ向かうものであるのに対し，伝統的苛

酷条項は積極的破綻主義の後退である。両者は相反する方向に進むものであり，将来の立法において両者を併存させるとすれば[56]，破綻主義の揺らぎの下でのある種の微妙なバランスの取り方となり得るかもしれない。

　まとめると，判決離婚は，婚姻関係の破綻であるのみならず，離婚を望む一方とこれを望まない相手方との対立であり，このような離婚する権利と婚姻する権利の衝突においては，離婚を求める者であれ，相手方であれ，さらには未成年の子であれ，相当程度の苛酷な状況に耐えなければならない。そのため，裁判所が苛酷条項を適用するにあたっては，衡平の機能を十分に発揮させるため，慎重でなければならない。また，積極的破綻主義に向かう世界の趨勢からすると，伝統的苛酷条項は，その本質上，積極的破綻主義に対する抑制であり，今後のわが国の立法においてこれを導入するのであれば，その例外としての性質を明確に規定すべきであり，憲法法廷が言う苛酷条項と比較して，より謙抑的に適用することが望まれる。

Ⅳ　台湾法の将来の方向性に関する課題

　憲法法廷2023年判決は，民法1052条2項但書を合憲であるとし，有責配偶者の離婚請求を制限する規定を直接的には否定しなかったが，2つの条件を加えている。第1に，有責配偶者の離婚請求は，その者が専ら有責である場合にのみ制限されること，第2に，離婚請求が制限される有責配偶者について，長期間の経過により苛酷な状況が存在するときは，離婚を認めることができることである。憲法法廷2023年判決の判示を総合的に見れば，形式上は消極的破綻主義の外観を維持しているものの，実質的には積極的破綻主義に極めて接近している。というのも，現行の破綻主義の趣旨の下で有責事由は抽象化されており，明文の法定事由に限られない以上，原告が専ら有責である場合はまれであり[57]，婚姻破綻における感情の複雑さからすれば，双方に多かれ少なかれ責任が認められるのが通常であって，実際の事案において一方のみが完全に無責な場合を見出すことは一層困難であろう。また，仮に原告が専ら有責な場合であるとしても，憲法法廷2023年判決によれば，長期間の経過による苛酷な状況があれば例外的に離婚が認められるため，民法

第1章　台湾における有責配偶者からの離婚請求

1052条2項但書の適用には更なる制限が加えられる。さらに，憲法法廷2023年判決は，一定期間の別居を婚姻破綻の徴表とすることや伝統的苛酷条項の導入といった〔訳注：将来の法改正に関する〕提言をしており，将来の立法の全体的な方向性が積極的破綻主義に向かうべきことを示している。

　しかし，上述の憲法法廷2023年判決の趣旨によると，将来の立法において，以下の2つの問題が生じ得る。第1の問題は，積極的破綻主義と消極的破綻主義が立法上同時に現れることによる混乱の懸念，第2の問題は，伝統的苛酷条項と憲法法廷が言う苛酷条項が並存することによる対立の問題である。

　第1の問題については，別居を婚姻破綻の徴表とする明文の規定は積極的破綻主義を象徴するものであり，これを消極的破綻主義の法的枠組みの中に導入すれば論理的な矛盾が生じる。前述のように，積極的破綻主義を採る多くの国においては，婚姻破綻の認定に関する問題を解決するために，一定期間の別居が婚姻破綻の徴表とされており，その適用上，法定期間の別居があれば，他の要素を考慮せず離婚を認めるものとされており，これが別居を婚姻破綻の徴表とする立法の趣旨に適合する。しかしながら，憲法法廷2023年判決の判示のように民法1052条2項但書が合憲であるのならば，立法上はこれを削除せずに維持すべきである。原告が専ら有責である場合に限ることや原告についての苛酷な状況に関する例外規定によりこれを緩和することはできるが，有責配偶者の離婚請求を制限する民法1052条2項但書の規定を少なくとも形式上は維持するのであれば，やはり消極的破綻主義の立法モデルということになる。こうした状況の下で，別居を婚姻破綻の徴表とする規定を導入するならば，矛盾を生じる可能性がある。例えば，3年の別居を法定の離婚事由とする規定を将来導入したとすれば，なお民法1052条2項但書の制限を受けるのか，疑問が生じ得る。すなわち，原告が専ら有責であるが既に3年間別居している場合に，裁判所は離婚を認めるべきであるとすれば，民法1052条2項但書は存在意義を失うであろう。これに対して，離婚を認めないとすれば，別居を婚姻破綻の徴表とする立法がその意義を失うことになる[58]。また，3年の経過により直接に離婚を認め，民法1052条2項但書の制限を適用しないとすれば，長期間の経過により原告に生じる苛酷な状況を

82

更に考慮する必要はないことになる。このように，離婚を長期間認めないことが原告に苛酷であることから生じる憲法法廷が言う苛酷条項は，別居を婚姻破綻の徴表とする立法の下では，存在意義がないのである。そのため，別居を婚姻破綻の徴表とする規定を設けるのであれば，上述の問題が生じるのを避けるため，外国の立法例のように，消極的破綻主義ではなく積極的破綻主義を採るべきである。

　第2の問題は，苛酷な状況についての概念の対立である。一般的に判決離婚においては，裁判所が離婚を認めれば，相手方は離婚を望まないにもかかわらず婚姻の解消を余儀なくされるため，相手方が弱い立場にあり，立法者は相手方を優先的に保護すべきである[59]。伝統的苛酷条項はこのような考え方に基づくもので，相手方及び未成年の子の苛酷な状況のみが考慮される。しかしながら，憲法法廷2023年判決は，有責性風化論を援用して，長期間経過後も離婚できないことが有責配偶者にとって苛酷であれば例外的に離婚を認めるとの苛酷条項を創設し，有責配偶者の離婚の権利を保護した。しかしながら，前述のとおり，判決離婚においては本質上相手方が弱い立場にあり，立法者はこれを優先的に保護すべきであることからすると，原告と被告の両者についてそれぞれ設けられた苛酷条項は，特に原告が専ら有責で相手方が無責である場合には，相手方の苛酷な状況の方に保護を与えるべきと思われ，これは2つの苛酷条項を併存させた場合に避けられない対立である。また，同一の法規範において相反する2つの苛酷概念が存在し，伝統的苛酷条項は積極的破綻主義に対して抑制を加え，憲法法廷が言う苛酷条項は積極的破綻主義へと道を開くものであるとすると，こうした対立から生じる緊張は，立法上のバランスを取るための設計であってそれ自体は誤りではないとしても，これにより生じる複雑性により，積極的破綻主義へと向かうわが国の将来の方向性が再び揺らぎを見せることにもなりかねない。

V　破綻主義の揺らぎ―おわりに
　婚姻制度が人類の集団生活において果たす役割は容易に消し去ることはできないが，婚姻自体が客観的に破綻しており，当事者の一方が離婚を望み他

方がこれを望まないときは，離婚が認められるか否かは第三者たる裁判所の判断に委ねられる。こうした裁判離婚法は，婚姻の権利と離婚の権利の対立を均衡化させる役割を担っており，これは極めて困難かつ重要である。わが国の民法1052条の歴史的変遷は，有責主義から消極的破綻主義まで，約100年の時を経ている。世界の離婚法で主流となっている積極的破綻主義は，ずっと眼前に映る美しい風景でありながら到達することが叶わない目的地であった。その原因や問題は多数あるが，絶対に乗り越えられないものではなく，智慧を結集させれば，わが国に最も適した立法モデルを創り上げることができるかもしれない。今般，わが国の憲法法廷は，このような大きな任務を引き受け，現行法上の消極的破綻主義は原則として違憲ではないとしながら，原告が専ら有責である場合にのみ離婚請求が制限され，また長期間を経ても離婚できず苛酷な事情があるときには，例外的に離婚を認めるべきであるとした。これは，穏健かつ漸進的な方法により，立法者を積極的破綻主義の方向へ進むよう促すものであり，高い評価に値する。憲法法廷2023年判決理由書の「四　付帯説明〔原文：併此敘明〕」においては，積極的破綻主義を採用する際に注意すべき重要な課題についても述べられているが，その中で，将来的に関係機関が法改正を行う際の参考として，外国立法例における別居制度や苛酷条項が挙げられており，本稿はこれについての検討を行ってきた。

　別居及び苛酷条項の背後に現れているのは，破綻主義の概念の揺れ動きである。別居を婚姻破綻の徴表とすることは積極的破綻主義の貫徹の現れであり，苛酷条項による制約は積極的破綻主義の後退である。積極的破綻主義が世界的な趨勢となっていることから見れば，別居を婚姻破綻の徴表とすることは，破綻主義の趨勢を抑制する苛酷条項よりも時代の方向性に合致していることは明らかである。積極的破綻主義を採る外国の立法例においては，別居を婚姻破綻の徴表とするのが一般的であって，わが国の将来の立法においてもこれを採用すべきであり，別居制度を同時に整備すべきか否かも併せて議論されるべきである。これに対して，苛酷条項の立法目的は，有責主義に基づく有責配偶者への制裁を捨て去りつつも，相手方や未成年の子について

生じる苛酷な状況を理由として離婚を認めないことにより救済を図るものである。しかし，既に破綻した婚姻を解消することができないという状況は，有責配偶者の離婚請求の制限により生じる問題と異ならない。そのため，将来の立法において，これを採用すべきではないとは言えないが，より慎重であることが望ましい。その他，積極的破綻主義を貫徹するとともに，苛酷な状況についても解決しようとするのであれば，明文で苛酷条項を置くか否かにかかわらず，離婚の効果に関する立法において，少なくとも経済的な側面で，弱い立場にある相手方及び未成年の子の苛酷な状況に対する保障を強化すべきである。これは，積極的破綻主義を採る多くの国において，破綻主義離婚法の重点が離婚自体から離婚の効果に置かれるようになっている流れに合致するものである。

【注】

1) いわゆる「破綻主義離婚」は，アメリカでは「無責離婚（No-Fault Divorce）」と呼ばれ，どちらも，婚姻関係が破綻しかつ修復することができない場合（The Irretrievable Breakdown of the Marriage）に，配偶者の有責性を問うことなく，婚姻の解消を認めることを意味する。Randy F. Kandel, FAMILY LAW: ESSENTIAL TERMS AND CONCEPTS 104 (2000). 無責離婚という名称は，「有責」離婚とは異なることをより明確に示している。

2) 林秀雄「有責主義，破綻主義與有責配偶之離婚請求」同『家族法論集（二）』76頁（1988年）参照。

3) 島津一郎編『注釈民法（21）親族(2)』9頁（有斐閣，1966年）参照。

4) 林菊枝「評我國現行離婚制度」戴東雄編『民法親屬，繼承論文選輯』163頁（五南圖書，1984年）参照。法定の離婚事由がある場合，婚姻関係が客観的に破綻しているのが通常であるが，ここで配偶者の主観的な有責性が強調されるのは，有責配偶者に対する制裁という応報思想，及び無責配偶者に対する救済という考え方に基づくものであろう。林秀雄・前掲注2）72頁参照。

5) 林秀雄・前掲注2）72頁参照。

6) 林秀雄・前掲注2）73-74頁参照。

7) 島津一郎編・前掲注3）10頁参照。

8) 陳棋炎＝黄宗樂＝郭振恭『民法親屬新論』232頁（三民書局，2009年）参照。

9) 中川淳『家族法の現代的課題』191-192頁（世界思想社，1992年）。

10) 太田武男「破綻主義」中川善之助ほか編『家族問題と家族法Ⅲ　離婚』247-248頁（酒井書店，1958年）。

11) 同項の規定から見ると，スイス民法においては，配偶者双方の有責性を比較して，

第1章　台湾における有責配偶者からの離婚請求

「主たる有責配偶者」の離婚請求権が制限されている。

12) ドイツの1938年婚姻法55条2項は次のように規定する。「離婚を請求する配偶者が婚姻の破綻につき専らまたは主に責任を負うときは，他方は異議を申し立てることができる。ただし，婚姻の本質及び夫婦双方の一切の行為を正確に判断して，婚姻の継続が道徳上不当であると認められるときは，他方の異議は考慮されない。」黄宗樂「欧洲各國破綻主義離婚立法之展開」陳棋炎先生六秩華誕祝賀論文集『身分法之理論與實用』230頁（三民書局，1980年），門坂正人「欧米諸国における破綻主義立法の新展開について」中川善之助先生追悼『現代家族法大系2　婚姻・離婚』127頁（有斐閣，1980年）参照。

13) 呂麗慧「論破綻主義離婚法之轉折與突破―兼評最高法院98年度台上字第1233號判決」同『身分法與人格法之民法專題研究（一）』15-20頁（新學林，2011年）参照。

14) 中川淳『親族法逐条解説』174頁（日本加除出版，1977年）。

15) 太田武男「破綻主義の限界」同『現代家族法研究』250頁（有斐閣，1982年）参照。

16) 中川淳『改訂家族法入門』51頁（青林書院新社，1984年）参照。

17) 吉田欣子「婚姻破綻の原因の認定について」中川善之助先生追悼『現代家族法大系2　婚姻・離婚』221-222頁（有斐閣，1980年）参照。

18) 米倉明「積極的破綻主義でなぜいけないか―有責配偶者の離婚請求についての一試論」ジュリスト893号40-41頁（1987年）参照。星野英一＝右近健男「対談・有責配偶者からの離婚請求大法廷判決」法学教室88号30頁（1988年）も参照。

19) 福島四郎「民法770条第1項第5号の法意」民商法雑誌32巻5号638-639頁（1956年）参照。

20) スイス民法114条の規定によれば，2年の別居により婚姻破綻が推定され，夫婦の一方は裁判所に離婚を請求することができる。

21) 林秀雄・前掲注2）76頁参照。

22) 島津一郎編・前掲注3）9頁参照。一般によく知られているヨーロッパ大陸法系諸国において破綻主義が採用されているほか，アメリカ各州においても1970年代から破綻主義が採用されている。*See* Kandel, *supra* note 1, at 104.

23) 戴東雄「德國新親屬法上之別居制度與我國民法需要別居之規定」同『親屬法論文集』267-268頁（東大図書出版，1988年）。

24) 郭振恭「我國離婚法制之檢討及改進」東海法學研究9号329頁（1995年）。

25) 明山和夫「破綻主義と離婚の法的統制」泉久雄＝山畠正男編『演習民法　親族・相続』117頁（青林書院新社，1972年）。

26) Harry D. Krause & David D. Meyer, Family Law in a Nutshell 284-85 (5th ed., 2007).

27) 実際には，婚姻破綻について夫婦双方が完全に無責であるということは考え難いため，積極的破綻主義といっても，有責離婚を排除することにその重要な使命があり，離婚の要件において有責事由を排除するのみであって，積極的破綻主義を立法上採用することは，婚姻破綻の事実において有責事由が存在しないことを意味するものではない。

28) Krause & Meyer, *supra* note 26, at 286.

29) 呂麗慧「婚姻破綻之認定」戴東雄教授七秩華誕祝壽論文集『現代身分法之基礎理論』97-98頁（元照出版，2007年）。

30) 別居期間の長さは諸国の立法において異なっており，各々の発展状況に応じて規範

が調整される。例えば，1966年の米国ニューヨーク州の離婚改革法案では，2年の別居により離婚を認めると定められていたが，1968年・1970年にはこれが1年に改められており，破綻主義の趣旨が更に貫徹されている。*See* Lynn D. Wardle, *No-Fault Divorce and the Divorce Conundrum*, 1991 B.Y.U. L. REV. 79, 85-86 (1991).

31）江郁仁『論有責配偶離婚請求―以有責之處理為中心』39-40頁（國立政治大學碩士論文，2011年）参照。

32）例えば，イリノイ州においては，双方が離婚に同意しているときは6か月の別居で離婚することができ，一方が離婚に反対しているときは2年の別居で離婚することができる。Krause & Meyer, *supra* note 26, at 286.

33）台湾民法1001条は，「夫婦は相互に同居の義務を負う。ただし，同居することができない正当な理由があるときは，この限りでない。」一般に，本条にいう「同居することができない正当な理由」は，実務上は離婚の法定事由であることが多い。例えば，民法1052条1項2号が定める配偶者以外の者との合意性交や，同項3号が定める同居に堪えない虐待などである。最高法院1934年上字第1061号判決，同2000年台上字第73号判決参照。こうした別居事由が存在する場合，婚姻が既に破綻していることが多いが，夫婦双方の同意により留学や仕事などの理由で別居している場合には，婚姻破綻により生じたものではないが，解釈上は「同居することができない正当な理由」にあたるものと解される。

34）最高法院2000年台上字第1081号判決参照。

35）最高法院1999年台上字第1606号判決，同2007年台上字第116号判決参照。

36）2002年，沈智慧立法委員〔訳注：国会議員に相当〕は，民法1052条の改正案を提出した際に，「3年以上共同生活を継続していないときは，裁判所に離婚を請求することができる」という規定の新設を提案したが，女性団体は，当時中国において事業を営む台湾人が多く，夫婦が台湾と中国で別居している場合，夫がこの規定により台湾にいる妻に追い出し離婚をする事態を招きやすく，いわゆる「台商条項」になりかねないとの懸念が示されたため〔訳注：「台商」とは中国において事業を営む台湾人を指す〕，それ以上の進展はなかった。

37）この点につき，より詳しくは後述Ⅳを参照。

38）例えば，趙鳳喈教授は，1924年に，「（別居制度は）将来あるいは社会的な必要性により，離婚制度と調和的に行われるようになるかもしれない」と指摘していた。戴東雄教授も1955年に，「特に過去5年間，わが国の離婚率は欧米のように著しく増加した。離婚の増加に伴い，夫婦の別居生活がありふれたものになることは当然であり，これが現在の社会生活における重要な問題になっているものと推察される。これに鑑みると，別居制度，特に別居の効果を民法の体系に組み入れ，明文の規律を与えることが必要であると思われる」と述べている。さらに，林誠二教授も1955年に，「わが国の伝統的な倫理・道徳観念の下で，現行の社会・家庭制度に対応する別居制度を設ける必要があると思われる」としている。趙鳳喈『民法親屬編』108頁（正中書局，1946年），戴東雄・前掲注23）286-287頁，林誠二「英國分居制度」陳棋炎先生六秩華誕祝賀論文集『身分法之理論與實用』324頁（三民書局，1980年）。

39）「立法院第7屆第5會期第6次會議議案關係文書 院總第1150號 委員提案第9558號」（https://lis.ly.gov.tw/lgcgi/lgmeetimage?cfc8cfcacfc9cfcec5cececed2cecec6，2023年9月7日最終閲覧）。

40）「法務部1111205法規範憲法審査言詞辯論意旨補充書」4-5頁（https://cons.judicial.

第1章　台湾における有責配偶者からの離婚請求

gov.tw/docdata.aspx?fid=38&id=310013，2023年9月7日最終閲覧）。

41)「立法院第8屆第1會期第4次會議議案關係文書　院總第1150號　委員提案第13008
　號」（https://ppg.ly.gov.tw/ppg/SittingRelatedDocumentReportMatter/download/
　agenda1/02/pdf/08/01/04/LCEWA01_080104_00052.pdf，2024年4月22日最終閲覧）
　参照。

42) 林菊枝「西德離婚制度之改革」同『親屬法專題研究』203頁（1982年）。

43) 本稿では，伝統的苛酷条項と憲法法廷が言う苛酷条項を区別するが，特に断りのな
　い限り，苛酷条項は伝統的苛酷条項を指すものとする。

44) 佐藤隆夫『現代家族法Ⅰ　親族法』165頁（勁草書房，1992年）。

45) 德國民法編譯委員會（陳自強，詹森林，蔡明誠，戴東雄，謝銘洋）『德國民法（下）
　親屬編，繼承編』133-136頁（元照出版，2016年）参照。

46) イギリスでは，2020年に制定されたDivorce, Dissolution and Separation Act 2020
　により，Matrimonial Causes Act 1973 section 5: refusal of decree in five year separation
　cases on grounds of grave hardship to respondentが削除されている（https://www.
　legislation.gov.uk/ukpga/1973/18/part/I/crossheading/divorce/2022-04-06，2023年
　9月3日最終閲覧）。

47) Karen Turnage Boyd, *The Tale of Two Systems: How Integrated Divorce Laws
　Can Remedy the Unintended Effects of Pure No-Fault Divorce*, 12 CARDOZO J.L. &
　GENDER 609, 617 (2006); Krause & Meyer, *supra* note 26, at 289.　アメリカ離婚法は，
　有責離婚から無責離婚へと直線的に前進したと言え，有責配偶者の離婚請求に対する
　制限について大きな争いはなく，苛酷条項により離婚できないという問題もなく，婚
　姻が破綻すれば離婚を認めるべきであることに共通認識があり，それにより生じ得る
　問題については，離婚を認めるべきか否かに立ち返ることなく，離婚の効果の問題と
　して議論される。

48) フランスの民法旧240条によれば，離婚により相手方または未成年の子について物質
　的または精神的に苛酷な状況が生じるときは，離婚請求を棄却することができると規
　定されていたが，この規定は2004年改正時に削除されている。http://zyxy.zuel.edu.
　cn/_upload/article/files/6f/db/3dab584f4f5dafcf4c30248a1adb/43c3c668-c345-429e-
　b068-3870083c5da8.pdf（2024年4月25日最終閲覧）参照。江郁仁・前掲注31）39-40
　頁。

49) 苛酷条項について，ドイツ民法1568条は，「特別の理由」，「深刻な困難」，「例外的に
　必要」といった文言を用いて，苛酷条項の適用が特殊な例外的場合に限られることを
　示している。

50) 鄧學仁「限制有責配偶請求離婚之問題與修法課題」當代法律19号9頁（2023年）。

51) このように苛酷な状況をあらかじめ取り除くことについては，前述の折衷的破綻主
　義の中に類似の観点が見られる。福島四郎・前掲注19）638-639頁，宮崎幹朗「破綻
　主義の現状─有責配偶者の離婚請求と精神病離婚─」林良平＝佐藤義彦編『HAND
　BOOK 民法Ⅲ　親族・相続』103頁（有信堂，1989年）参照。

52) 鄧學仁・前掲注50）11頁。

53) 憲法法廷は消極的破綻主義を直接に否定しているわけではないが，民法1052条2項
　但書の適用対象を夫婦一方のみに専ら責任がある場合に限定している。これは学説が
　主張する「最小限度の消極的破綻主義」を採るものであり，積極的破綻主義の実現へ
　と向く憲法法廷の動きを示すものと言えよう。林秀雄『繼承法講義　增修6版』197-

198頁（元照出版，2021年）。

54）太田武男・前掲注15）263頁。

55）米倉明・前掲注18）40-41頁。

56）日本の最高裁判所大法廷昭和62年9月2日判決は，有責配偶者の離婚請求を認める
ための考慮要素として，離婚により被告に生じる苛酷な状況のほか，原告と被告が既
に長年別居しているにもかかわらず離婚請求を制限することが苛酷となることを考慮
している。当該判決が挙げる2つの要素は，伝統的苛酷条項と台湾の憲法法廷が言う
苛酷条項の両者を含んでいる。

57）被告が積極的に婚姻生活の平和を実現しようとしない場合，消極的な有責性が認め
られるとするものとして，鄧學仁・前掲注50）10頁。

58）わが国の実務においては，別居を婚姻破綻の徴表として離婚を認めるべきかを判断
するに当たり，民法1052条2項但書の制約の下で，別居の客観的事実のみが考慮され
るのではなく，別居について当事者が責任を有するか否かも影響を及ぼしている。憲
法法廷2023年判決により民法1052条2項但書について制限的解釈が採られたため，今
後，別居を婚姻破綻の徴表として認定する際に当事者の有責性が考慮されるか，注視
する必要がある。最高法院2024年台上字第70号判決，同2023年台上字第974号判決参
照。

59）特に，原告が有責である場合，さらには専ら有責である場合には，離婚により生じ
る相手方の苛酷な状況について，立法による保護が一層必要となる。

（LU, Li-Hui／国立高雄大学法律学系教授）

第 2 章

韓国における有責配偶者からの離婚請求

第1節

有責配偶者からの離婚請求
——韓国民法の規定とその特徴

文　興　安

訳：金　亮　完

I　はじめに

　韓国において有責配偶者からの離婚請求をめぐっては，「その他婚姻を継続し難い重大な事由があるとき」を離婚事由として定めた現行民法（韓国民法840条6号）の施行当時から議論が始まった[1]。現行民法が有責配偶者からの離婚請求の許否について明文の規定を置かないままに当該事由を定めたためであり，換言すれば，いわゆる破綻主義的離婚原因が韓国民法に導入されたことが議論の発端となったのである。

　本報告では，有責配偶者からの離婚請求をめぐる議論の発端となった破綻主義的離婚原因の立法経緯を概観したうえで，破綻主義的な離婚原因規定の解釈論をめぐる学説の論議状況について検討を加える。

II　韓国における裁判上の離婚原因の立法

1　朝鮮民事令と近代的離婚制度の導入

　朝鮮王朝の末期に朝鮮を併合した日本は，1912年3月に制令第7号により「朝鮮民事令」を制定し，1922年12月7日には同令第11条を改正して，裁判上の離婚については1923年7月1日より日本の旧民法を適用するものとした。有責主義に立脚した制限的な離婚原因を定めていた日本の旧民法の規定[2]は，独立後に若干の修正を経て，1960年に韓国民法が制定されるまで施行されていた。

第 2 章　韓国における有責配偶者からの離婚請求

2　裁判上の離婚原因に関する立法経過

(1)　「民法親族相続編原要綱」の離婚原因規定

　1945年に韓国が独立を迎えた後，法典編纂委員会民法分科の張暻根<ruby>張暻根<rt>ジャンギョングン</rt></ruby>委員は，「親族相続法立法方針及び起草要綱私案」において，裁判上の離婚原因として，「一　配偶者に不貞な行為があったとき，二　配偶者又は直系尊属から著しく不当な待遇を受けたとき，三　自己の直系尊属が配偶者から著しく不当な待遇を受けたとき，四　配偶者の生死が 3 年以上明らかでないとき，五　その他婚姻を継続し難い重大な事由があるとき」を挙げる一方，「法院は，前項の定める事由がある場合であっても，一切の事情を斟酌して婚姻の継続を相当と認めるときは，離婚の請求を棄却することができるものとすること」としていた。

　これは，日本の旧民法で10余りに上っていた離婚原因を 5 つに減らし，包括的な規定である「その他婚姻を継続し難い重大な事由があるとき」という相対的な離婚原因を加えることによって破綻主義の導入を図ったものではないかと思われる。そして，諸外国においても破綻主義の導入がまだ初期の段階にあったことを勘案し，裁判官の合理的判断の裁量を広く認め，多様な個別具体的な事案に適切に対応すべく裁量棄却条項を置こうとした[3]。

　しかし，1949年 6 月，法典編纂委員会は，上記の「起草要綱私案」の審議において，「法院は，前項の定める事由がある場合であっても，一切の事情を斟酌して婚姻の継続を相当と認めるときは，離婚の請求を棄却することができるものとする」という裁量棄却条項が濫用されるおそれがあることを理由に，第11回総会においてそれを採択せずに削除した[4]。〔訳者注：起草要綱私案の裁判離婚原因はそのまま採択されたが，これを「原要綱」という。〕

(2)　政府草案の離婚原因規定

　民法の親族相続編「原要綱」が成立してから 3 年後である1952年 7 月に逐条起草が完成したが，裁判上の離婚原因の規定は，「原要綱」とは異なるものとなっていた。すなわち，裁判上の離婚原因として，「一　配偶者が重婚をしたとき，二　配偶者の一方が悪意で他方を遺棄したとき，三　配偶者が生死不明となってから 3 年を経過したとき，四　配偶者が回復の見込みのな

94

い精神病その他の悪疾に罹患してから2年を経過したとき，五　その他婚姻
生活を継続し難い重大な事由があるとき」を定め，「前項第四号の事由によ
り離婚を宣言する場合は，法院は，当事者の財産状況その他の事情を斟酌し，
相手方に対し，相当な療養料の支払を命じることができる」としていた。こ
のように政府草案の裁判離婚原因の規定が「原要綱」とは異なるものの，第
五号が維持されている点からすると，旧民法上の多様な離婚原因を包摂して
法院の裁量を広げようとしたものと思われる[5]。

(3)　国会法制司法委員会の審議要綱における離婚原因規定

1953年10月28日に政府案が国会法制司法委員会に回付されると，同委員会
は「民法案審議小委員会」を構成し，逐条の基準となる「審議要綱」を1954
年11月6日に公表した。審議要綱における裁判上の離婚原因は次のとおりで
ある。すなわち，「一　配偶者に不当な行為があったとき，二　配偶者又は
直系尊属から著しく不当な待遇を受けたとき，三　自己の直系尊属が配偶者
から著しく不当な待遇を受けたとき，四　配偶者の生死が3年以上明らかで
ないとき，五　その他婚姻を継続し難い重大な事由があるとき」とされてい
た[6]。この条項は，1949年6月に採択された法典編纂委員会の「原要綱」と
同じものであった[7]。

1957年第3代国会第26次定期会において，張暻根法制司法委員長代理は民
法案審議結果報告を行ったが，その中で，裁判上の離婚原因のうち「その他
婚姻を継続し難い重大な事由があるとき」という相対的離婚原因を置いた理
由について，「従前は相手方に悪いことがあったとき，責任があったときに
離婚することができたが，これからは…こういう人とは婚姻関係を継続する
ことができない…自分に責任があるわけではないが，そのようなときにも離
婚をすることができる。従前はいわゆる有責主義であったが，これからは無
責任主義の立法をしようとするものである」と説明した[8]。

(4)　民法における離婚原因規定

法制司法委員会を通過した政府案修正案は，1957年12月17日に国会を通過
し，1958年2月22日に公布され，1960年1月1日から施行されている。民法
上の裁判離婚原因は，「一　配偶者に不当な行為があったとき，二　配偶者

の一方が悪意で他方を遺棄したとき，三　配偶者又は直系尊属から著しく不当な待遇を受けたとき，四　自己の直系尊属が配偶者から著しく不当な待遇を受けたとき，五　配偶者の生死が３年以上明らかでないとき，六　その他婚姻を継続し難い重大な事由があるとき」である。この規定は，民法が施行されてから本報告の時点まで一度も改正を受けていない。したがって，立法者が裁判上の離婚原因として「その他婚姻を継続し難い重大な事由があるとき」を破綻主義的離婚原因として捉えたことは，今なお維持されているというべきである。〔訳者注：裁量棄却条項は制定されなかった。〕

Ⅲ　民法840条6号をめぐる議論

　韓国民法は，裁判離婚が有責主義の立場に立脚しているのか，破綻主義の立場に立脚しているのかを明らかにしておらず，有責配偶者からの離婚請求を認めるか否かについても明文の規定を置いていない。このような状況にあって，有責配偶者からの離婚請求に関する民法の解釈については，まずは民法840条6号の法的性質を明らかにした後，婚姻の破綻を理由とする有責配偶者からの離婚請求が可能かを段階的に検討することが必要である。

1　民法840条6号の法的性質

　民法840条6号所定の離婚原因である「その他婚姻を継続し難い重大な事由があるとき」の法的性質については，以下のような学説が主張されている。

(1)　有責主義的離婚原因（消極説）

　この見解は，「その他婚姻を継続し難い重大な事由があるとき」を有責主義的離婚原因と解し，有責配偶者からの離婚請求はすべて排斥すべきと説く立場である[9]。

　この見解の主たる論拠は，有責配偶者からの恣意的な離婚請求を容認することは，社会正義と衡平の原則に反し，法が悪を助長するとともに不正義に加担する結果となるというものである。また，婚姻はいつでも任意に解消することができるという認識を一般の人に与えることによって婚姻秩序の混乱を招来するばかりでなく婚姻制度そのものを危うくし，離婚という社会的病

理が助長されるとする[10]。

(2) 破綻主義的離婚原因（積極説）

この見解は，「その他婚姻を継続し難い重大な事由があるとき」を破綻主義的離婚原因と解し，婚姻関係の破綻という客観的事実が存在する限り，有責配偶者からの離婚請求であってもこれを許容すべきであると説く立場である。

純粋な意味における破綻主義は，①婚姻の破綻という抽象的・一般条項的な基準を離婚原因と規定し，②婚姻の破綻について責任を有する配偶者であっても離婚を請求することができ，③有責配偶者に対する損害賠償請求は原則として認められないことを主な内容とする[11]。したがって，この見解によれば，婚姻の当事者は，婚姻上の義務違反と関わりなく婚姻破綻の事実を証明することによって容易に離婚を請求することができる[12]。

この見解の主たる論拠は，近代法上の婚姻は当事者の自由な意思の尊重を基本とするから，婚姻継続の意思を失った当事者に婚姻の継続を強いるのは非人格的なことであるというものである。また，協議離婚を認めながら有責配偶者からの裁判離婚の請求を認めないことは，現代の離婚法の趨勢である破綻主義に逆行するばかりではなく，離婚制度としても均衡を失することになるという[13]。

2 婚姻の破綻を理由とする有責配偶者からの離婚請求

(1) 消極的破綻主義説

原則として無責配偶者は婚姻の破綻を理由として裁判離婚を請求することができるが，有責配偶者はそれができないとする立場である。例外として，双方の責任が同程度の場合といった特別な事情がある場合には有責配偶者からの離婚請求を認めるべきという見解から，そのような例外に何ら言及しない見解まで，多様な学説が主張されている[14]。

(2) 積極的破綻主義説

離婚請求者が有責配偶者であっても，婚姻関係が客観的に完全に破綻している以上，離婚を認めなければならないという見解である。ただし，信義則

または社会秩序に反するような事情が存在する場合に限り，離婚請求権の行使が権利濫用の法理によって制限されると解する[15]。

　積極的破綻主義を支持する学説も，未成年の子や無責配偶者を保護するために必要な場合等の特別な事情があるときは，例外的に有責配偶者の離婚請求を制限しなければならないという見解から，そのような例外に何ら言及しない見解まで，多様な学説が主張されている[16]。

3　判例の動向

　韓国において有責配偶者からの離婚請求権に関する大法院の態度は明らかであるといえる。不貞行為（いわゆる蓄妾行為）に及んだ夫からの離婚請求権を否定した，1965年9月21日のリーディング・ケースから今日に至るまで，大法院は有責配偶者からの離婚請求に否定的な態度を堅持している。もっとも，大法院は1987年4月14日判決において，例外として有責配偶者からの離婚請求を認めたことがある。事実関係および判旨は以下のとおりである。

(1)　事実関係

　A男とB女は，1975年頃から交際を始め，1979年11月頃結婚式を執り行い，1980年3月7日に婚姻の届出をした法律上の夫婦である。

　A男は，両名の間に子が生まれた頃からB女を嫌うようになり，C女と深い関係となっていたが，これを責めるB女に対して暴言や暴行を加え，A男とB女の夫婦関係は円満を欠くようになっていった。A男は，1982年2月中旬頃軍医官として入隊してから，B女が面会に来るたびに他人の前でB女に対して暴言を吐いて公然と離婚を求めたほか，生活費もほとんど負担していなかった。A男は，勤務する部隊から外出した際にはC女と会っており，A男の勤務部隊の近くに部屋を借りてC女と半同棲の生活をしていた。また，そこを訪ねてきたB女に激しい暴行を加えたこともあった。

　1983年4月になり，A男はB女と一緒に購入したアパートを処分し，その代金のうち500万ウォンをB女に支払って協議離婚を求めた。B女は協議離婚を拒否し，A男を相手方として離婚の請求をする一方，A男とC女を姦通罪で告訴した。すると，ようやくA男は自らの非を認め，B女との婚姻生活

第1節　有責配偶者からの離婚請求

を継続するとしてＢ女に告訴を取り下げるよう求めたが，Ｂ女はそれに応じ
ず，告訴を取り下げなかった。Ａ男は姦通罪により懲役1年6月の実刑を言
い渡され，1984年6月1日仮釈放で出所した。Ａ男は，実刑を宣告されたた
めに医師の資格を剥奪された。Ｂ女からの離婚請求は，住所の補正がされな
かったことを理由に却下された。

　Ａ男は，仮釈放後Ｂ女を訪ねたが，Ｂ女とその家族から冷たくあしらわれ，
それ以降Ｂ女とは別居している。他方，Ｃ女は，Ａ男に対し，Ｂ女と離婚し
て自己と婚姻するか，それができないなら慰謝料として2,000万ウォンを支
払うよう求めたため，Ａ男は，Ｂ女に対し，離婚請求に及んだ。

（2）　大法院の判断

　大法院は，上記のような事実関係に基づき，「婚姻の破綻につき責任を有
する配偶者がその破綻を原因として離婚を請求することができないことは，
当院が繰り返し判示したとおりである。これは，婚姻の破綻を自ら招いた者
に離婚請求権を認めることは，婚姻制度が要求する道徳性に根本的に背馳し，
配偶者の一方のみの意思による離婚ないしは追出し離婚を是認する不当な結
果をもたらすことになるから，婚姻が破綻したにもかかわらず離婚を望まな
い相手方配偶者の意思に反する離婚を認めないようにするためである。しか
し，このことは，相手方配偶者にも婚姻を継続する意思がないことが客観的
に明白な場合にまで破綻した婚姻の継続を強いる趣旨ではないというべきで
ある。したがって，相手方が離婚の反訴を提起している場合，あるいは，専
ら意地や報復的な感情から表面上は離婚に応じていないものの，実際には婚
姻の継続とは到底両立しえない行為に及んでいる等離婚意思の存在が客観的
に明白な場合には，たとえ婚姻の破綻につきすべての責任を有する配偶者か
らの離婚請求といえども，これを認容することが相当であるというべきであ
る。そのような場合にまで婚姻の継続を強いることは，双方がこれ以上継続
する意思のない婚姻関係が形式的に継続されていることを奇貨として，有責
配偶者に対する私的な報復を手助けすることでしかないから，これを是認す
ることはできない」として，有責配偶者であるＡ男の主張に対してさらに審
理を尽くすよう，Ａ男が有責配偶者であるとしてＡ男の離婚請求を棄却した

99

原判決を破棄した。

　有責配偶者からの離婚請求を例外的に認めた判決が出されて以後，大法院は，離婚を認めるべき特別な事情がある場合に限り[17]，限定的にこれを認めている。とはいえ，韓国の社会的・経済的な変化に伴い，有責配偶者からの離婚請求を認めるか否かという問題は絶えず社会の議論の対象となってきた。そのような状況の中，1991年の民法改正により実質的な男女平等および離婚時の財産分与請求権制度が新設され，さらに，2005年には家制度が廃止されたことなどにより，社会では大きな変革が生じた。とりわけ，2015年2月に姦通罪が憲法裁判所の違憲決定によって廃止されたことに伴い，大法院が既存の有責主義の立場を堅持するのか変更するのかが注目された。

　時期を同じくして大法院は有責配偶者が提起した離婚の訴えを全員合議体に回付し，公開弁論を経て判例変更の可否を検討した。そして，2015年9月15日全員合議体判決（2013ﾑ(ﾑ)568）[18]で，有責主義と破綻主義をめぐるそれまでの議論を検討した末，大法官15人中9人の多数意見で有責配偶者からの離婚請求を認めないという従来の立場を再確認した。これにより大法院が積極的破綻主義を採用しないことが明確にされた。しかし，家庭法院を中心に下級審裁判例は，社会の変容を受容し，日々進化を重ねている。このような判例の変遷に関する報告は，禹柄彰教授の報告に委ねることとする。

Ⅳ　結びに代えて

　韓国社会は，19世紀末から現在に至るまで，歴史の荒波にのまれながら，「家」中心の家族制度から「夫婦」中心の家族制度へと徐々に転換し，今日のような家族生活の土台を作り上げた。このような変化の中で，個人の意識は，農耕社会から産業社会を経て情報化社会へと発展する過程で形成された価値を背景に，地球村の一構成員として婚姻や家族等に対する価値を再定立しながら成長している。

　離婚に対する意識もまた，そのような価値の変化に同調しながら変化している。今こそ真に夫婦が中心となる婚姻制度の本質に焦点を合わせなければならない時ではないかと考える。このような前提に立てば，有責配偶者から

第1節　有責配偶者からの離婚請求

の離婚請求を再吟味することは十分に価値のあることである。まずは，韓国民法の制定過程において相対的離婚原因を付け加えることによって破綻主義の導入を試みつつ，「裁量棄却条項」を置こうとした張暎根委員の意図を再考する必要がある。すなわち，「法院は，前項の定める事由がある場合であっても，一切の事情を斟酌して婚姻の継続を相当と認めるときは，離婚の請求を棄却することができる」という裁量棄却条項は，裁判官の妥当な法の適用を信頼し，変化する実情に適応する相対的離婚原因を認めようとしたものであるから，今日のように民主的で安定した司法の下では十分に適用可能な代案として遜色のないものと考える。

【注】

1) 申榮鎬「有責配偶者の離婚請求権―判例の動向と現況を中心に」高麗法学42巻（2004）23頁。

2) 日本の旧民法813条参照。

3) 鄭光鉉『韓国家族法研究』（ソウル大学校出版部, 1967）付録28頁。「民法親族相続法典原要綱解説」によれば，裁量棄却条項は，裁判官の妥当な法の適用を信頼し，変化する実情に適応する相対的離婚原因を認めるものであるから，これを存置する必要があることを強調したとされる。

4) 張暎根『『親族相続法立法方針及び親族相続法起草要綱私案』中の『親族編の起草要綱私案（原要綱）』」法政23号（法政社, 1948）。

5) チョ＝ギョンエ（Cho, Kyeong-ae）「裁判上の離婚原因における破綻主義の導入に関する研究」梨花女大博士學位請求論文136頁（2017）。

6) 民議院「法制司法委員会民法案審議小委員会・民法案親族編相続編審議要綱審議録（1956年9月5日要綱作成完了）」第22項参照。

7) 鄭光鉉・前掲注3）付録87-88頁参照。裁判離婚原因が政府の草案と異なったことに関し，国会法制司法小委員会は，法典編纂委員会が民法案の各条項を起草する際に新たに親族相続要綱が作成されたことに気づかず，また提案説明書も提出されたこともなかったために，同委員会において各条文と原要綱の各項を参照して基準となる要綱を定めたことによるものとされる。韓国家庭法律相談所『家庭法改正運動60年史』（韓国家庭法律相談所, 2009）37頁参照。

8) チョ＝ギョンエ（Cho, Kyeong-ae）・前掲注5）138頁において再引用。

9) 李兌榮『韓国離婚法研究』（梨大出版部, 1968）302-303頁，朴東渉ほか『親族相続法〔第5版〕』（博英社, 2020）163頁，宋德洙『親族相続法〔第5版〕』（博英社, 2020）81頁等。

10) 李兌榮・前掲注9）302-303頁。

第2章　韓国における有責配偶者からの離婚請求

11）李和淑「離婚原因における有責主義と破綻主義」曘園大法学論叢2号（1995），李善美「有責配偶者の離婚請求権」司法10号（2009）86-88頁。

12）金疇壽・金相容『親族・相続法〔第18版〕』（法文社，2022）189-192頁，鄭範錫「有責当事者の離婚請求に関する小考（下）」「司法行政」26巻10号50-56頁，姜永虎「有責配偶者の離婚請求」也松・金疇洙　教授還暦記念論集『現代家族法と家族政策』（サムヨン社，1988）194頁。

13）特に申榮鎬・前掲注1）44頁，韓三寅「有責配偶者の離婚請求権──大法院2004年9月24日宣告2004므（ㅅ）1033判決」人権と正義362号（大韓弁護士協会，2006）脚注30において再引用。

14）玄昭惠（Hyun, So-Hye）「有責配偶者の離婚請求──特に『6号事由』を中心に」民事法学101号（2022）98頁。

15）金容漢「不貞な行為の解釈」法曹12巻3号（1963）76頁。

16）玄昭惠（Hyun, So-Hye）・前掲注14）98頁，姜永虎「有責配偶者からの離婚請求」司法論集18輯（法院行政処，1987）542頁，金容漢「離婚請求事件」『家族法の改正と論点』（インボン会出版部，2011）662頁，キム＝ジョンウ（Kim, Jeong-woo）「有責配偶者の離婚請求──最近の判例を中心に」『家庭法院50周年記念論文集』（ソウル家庭法院，2013）173頁，尹眞秀編集代表『註解親族法第1巻』（博英社，2015）494-495頁［李東珍執筆］，李熙培・金惠淑「有責配偶者離婚請求の制限と破綻主義志向──請求認容の法理と関連判例の動向を中心に」家族法研究29巻2号（2015）272頁等。

17）リ＝ソンミ（Lee, Sun-Mi）「有責配偶者の離婚請求権」司法1巻10号（2009）47-86頁には，大法院だけでなく下級審の関連裁判例もよくまとまっている。

18）全員合議体判決に関する評釈として，キム＝テファン（Kim, Tae-hwan）「有責配偶者の離婚請求に関する実務上の検討──大法院2015年9月15日宣告2013므（ㅅ）568全員合議体判決とそれ以降宣告された下級審判決を中心に」家族法研究31巻3号（2017）391-393頁，バン＝ウンファン（Bang, Woong-hwan）「有責配偶者の離婚請求」司法36号（2016）399-428頁，鄭求兌「2015年婚姻法関連主要判例回顧」法学研究27巻1号（2016）160-169頁，玄昭惠（Hyun, So-Hye）「2010年代家族法判例の傾向と流れ」安岩法学63巻（2021）263-267頁等参照。

（MOON, Heung-Ahn／建國大学校法学専門大学院名誉教授）

第2節

韓国における有責配偶者からの
離婚請求
——判例の立場とその変遷を中心に

禹　柄　彰

訳：金　亮　完

I　序説

1　有責配偶者からの離婚請求をどのように扱うべきか

　韓国の民法上，婚姻破綻の主たる責任が離婚請求の相手方に存する場合または当事者の双方にある場合には，民法840条6号[1]により，離婚の請求をすることができる（大法院2010年7月15日2010ロ(ム)1140判決）。これに対し，婚姻破綻の主たる責任を有する配偶者からの離婚請求の許否については，消極的破綻主義と積極的破綻主義の立場が対立してきた。韓国民法は有責配偶者からの離婚請求について明文の規定を置いていないため，この問題が台頭した1960年代以降学説と判例に解釈が委ねられてきた。当時の学界と大法院の立場は，程度の差はあるものの，消極的な立場をとっていた。有責配偶者からの離婚請求をめぐる賛否両論の主要な論拠は，以下のとおりである。

(1)　消極的破綻主義（消極説）と積極的破綻主義（積極説）

ア　消極的破綻主義とその論拠

　有責配偶者からの離婚請求を全面的に排斥する消極的破綻主義の論拠は，次のとおりである。すなわち，第一に，婚姻の破綻を自ら招いておきながらその解消を求めることは道義に反する，第二に，追出し離婚を認めることに直結する，第三に，無責配偶者にとってはそのまま婚姻を継続して共同財産を利用しながら扶養を受けることが有利な場合もある，最後に，信義誠実の原則・権利濫用禁止の原則に照らし，弱者である女性は保護されなければな

103

第2章　韓国における有責配偶者からの離婚請求

らない，などである。しかし，現在の韓国において消極説を支持する学説は見当たらない。

　イ　積極的破綻主義とその論拠

　消極的破綻主義に対し，婚姻関係が客観的に破綻している場合には有責配偶者からの離婚請求を認める積極的破綻主義の論拠は，次のとおりである。すなわち，第一に，婚姻は自由意思を基礎とするものであるから，破綻した婚姻関係を継続するよう強制することこそ反道義的なことであり，有責配偶者からの離婚請求を認めないことによって別居期間が長期化することがより大きな問題である，第二に，身分法の事実先行の原則からして，客観的破綻という事実が先行する以上，当然法的評価の対象とすべきであり，また，積極的破綻主義は離婚法の進化の過程においてその頂点に位置するものとして，立法でない法の解釈を通じてその進化に逆行することは不当である，第三に，協議離婚を認める一方で婚姻を強制することは離婚法の内部的な均衡を失わせることである，第四に，有責配偶者という理由で離婚を認めない場合には事実婚を増加させ，妻でない第三者たる女性の幸せが剥奪される結果を招来する，最後に，相手方配偶者に対しては損害賠償または扶養による保障が可能である，などである。

　(2)　現在の学説と判例の立場

　上記の両極にある立場のほか，有責配偶者からの離婚請求は原則として認めないが，例外的な場合にはそれを認めるべきとする立場がある。この立場が現在の多数の立場（いわゆる「制限説」）であり，大法院判例も1980年代後半に至って有責配偶者からの離婚請求を例外的に認めるようになった。

　有責配偶者からの離婚請求が例外的に認められるべき場合とは，①相手方配偶者にも離婚意思が存する場合，②有責配偶者の有責性と婚姻破綻との間に因果関係が認められない場合，③有責配偶者の責任が相手方配偶者のそれよりも軽い場合または双方が同程度である場合，④夫婦の別居が長期間にわたり，円満な婚姻関係の回復が到底見込めないと判断される場合などである。

　「有責配偶者からの離婚請求は認めない」という原則は，2024年現在においても大法院の変わらない立場である。ただし，例外的に一定の要件を備え

た場合には，有責配偶者からの離婚請求であってもそれを認める態度を示しており，その例外を少しずつ拡張していると評価されている。

2　韓国の離婚の状況

　離婚に関する統計をとり始めた1993年以降の統計によれば，協議離婚および裁判離婚の推移は下表のとおりである。依然として協議離婚の割合が圧倒的に高いが，1990年の民法改正により財産分与請求権が導入されるまでは約1割程度であった裁判離婚が，同制度の導入後に約2割を超えていることがうかがえる。

【表】協議離婚と裁判離婚の推移[2]

年度	協議離婚		裁判離婚		合計（件数）
	件数	割合（％）	件数	割合（％）	
1993	45,926	77.43	12,434	20.96	59,313
1994	51,547	79.29	12,936	19.90	65,015
1995	54,087	79.22	13,024	19.08	68,279
1996	64,402	80.61	14,815	18.54	79,895
1997	73,863	81.03	16,833	18.47	91,160
1998	97,231	83.61	19,028	16.36	116,294
1999	98,387	83.77	18,859	16.06	117,449
2000	99,797	75.20	19,213	24.80	119,455
2001	111,349	82.72	22,620	16.80	134,608
2002	121,508	83.85	22,693	15.66	144,910
2003	143,195	85.94	22,279	13.37	166,617
2004	117,268	84.41	20,984	15.10	138,932
2005	110,747	86.49	16,433	12.83	128,035
2006	107,897	86.65	16,405	13.17	124,524
2007	105,055	84.67	18,871	15.21	124,072
2008	90,752	77.88	25,766	22.11	116,535
2009	94,428	76.15	29,564	23.84	123,999
2010	87,834	75.16	29,018	24.83	116,858
2011	86,425	75.62	7,830	24.35	114,284
2012	86,920	76.04	27,373	23.95	114,316
2013	88,628	76.87	26,642	23.11	115,292
2014	89,745	77.70	25,750	22.29	115,510
2015	84,645	77.55	24,491	22.43	109,153
2016	84,008	78.27	23,295	21.71	107,328
2017	83,038	78.31	22,793	21.50	106,032
2018	85,618	78.78	22,995	21.16	108,684
2019	87,439	78.89	23,335	21.06	110,831
2020	83,700	78.59	22,800	21.41	106,500
2021	79,154	77.85	22,481	22.11	101,673
2022	72,083	77.32	21,098	22.63	93,232

105

第 2 章　韓国における有責配偶者からの離婚請求

Ⅱ　有責配偶者からの離婚請求に関する判例の立場と変化

1　従来の判例の態度と変化の始まり

　現在の大法院は，1960年代から20余年の間一貫して有責配偶者からの離婚請求を認めなかった従来の態度[3]を緩和しており，制限的ながら有責配偶者からの離婚請求を認める立場（大法院1987年 4 月 4 日宣告86旦（ム）28判決〔訳者注：以下「大法院1987年判決」という。〕）に転換してきている[4]。とはいえ，大法院は依然として「有責配偶者からの離婚請求は認めない」ことを原則としている。このような変化の中で出された大法院判決の中には，有責性の判断基準とともに有責配偶者からの離婚請求を排斥する有責性の程度を具体的に示したものに加え，民法840条 6 号の定める「婚姻を継続し難い重大な事由があるとき」の意味とその判断基準を提示したものもある。

2　原則の緩和・例外の許容

　大法院1987年判決は，有責配偶者からの離婚請求を例外的に認めた嚆矢的な判例である。この事例では，不貞行為に及んだ配偶者を姦通罪で告訴して宥恕しなかった相手方配偶者にも婚姻破綻の責任があるかが争われた。同判例は，①不貞行為に及んだ配偶者を姦通罪で告訴することは，婚姻の純潔性を保障するために法律が認めた権利であり，不貞行為に及んだ配偶者が自身の過ちを反省したからといって告訴を取り下げて宥恕し，婚姻を継続しなければならない義務が生じるわけではないのであるから，相手方配偶者が当該有責配偶者を宥恕しなかったとしても，婚姻の破綻につき相手方配偶者にもその責任があるとみることはできない，②有責配偶者は婚姻破綻を理由として離婚の請求をすることができないところ，これは，婚姻の破綻を自ら招いた者に裁判上の離婚請求権を認めることが婚姻制度が要求する道徳性に根本的に背馳し，配偶者の一方の意思による離婚ないし追出し離婚を是認する不当な結果をもたらすからであり，婚姻が破綻しているにもかかわらず離婚を望まない相手方配偶者の意思に反する離婚が認められないようにするためだけであるから，相手方配偶者にも婚姻を継続する意思がないことが客観的に明らかな場合にまで破綻した婚姻の継続を強制する趣旨ではない，③した

がって，相手方配偶者において，有責配偶者からの離婚請求に対して反訴を
提起し，または，個人の意地や報復的な感情から表面上は離婚に応じていな
いが，実際においては婚姻の継続と到底両立し得ない行為に出るなど離婚意
思の存在が客観的に明らかな場合には，たとえ婚姻の破綻について全面的な
責任を有する配偶者からの離婚請求であってもこれを認容することが相当で
ある，と判示した。大法院1987年判決は，有責配偶者からの離婚請求が例外
的に認められる場合をはじめて示したものとして，大きな意義を有するもの
である。

　大法院1987年判決以降，有責配偶者からの離婚請求を例外的に認める判決
が続き，その例外の幅も次第に拡大する傾向にある[5]。しかし，同判決後も
有責配偶者からの離婚請求を認めない判決が絶えず，有責配偶者からの離婚
請求を認めない原則は維持されているといえる[6]。

　では，大法院が有責配偶者からの離婚請求を例外的に認める基準は何であ
ろうか。次節で検討する。

3　有責配偶者と有責性

(1)　有責配偶者または有責性の判断

　大法院は，有責配偶者からの離婚請求に関する判決において，有責配偶者
または有責性の意義について次のように多様な表現を用いている。すなわち，
「婚姻生活の破綻に主たる責任を有する配偶者[7]」，「破綻に至った責任が専
らまたは主に原告にある場合[8]」，「婚姻の破綻について全的な責任を有する
配偶者[9]」，「婚姻破綻の主たる責任が原告に存する場合[10]」，「婚姻生活の破
綻について責任を有する有責配偶者[11]」，「破綻の原因が原告に全的にまた
は主たる責任を問うべき事由によって生じ，または，原告の責任が被告のそ
れより重いと認められる場合[12]」，「離婚を請求した当事者の責任が相手方
のそれよりも重いと認められる場合[13]」などである。

　この場合，有責配偶者の有責性を判断する時点については，婚姻破綻の原
因たる事実が生じた時点を基準に評価すべきであり，婚姻関係が完全に破綻
した後は問題とすべきでないと解されている[14]。

第2章　韓国における有責配偶者からの離婚請求

⑵　有責配偶者からの離婚請求を否定する趣旨

前述のように，有責配偶者は婚姻破綻を理由として離婚の請求をすることができないところ，既述のようにこれは，婚姻の破綻を自ら招いた者に裁判上の離婚請求権を認めることが婚姻制度が要求する道徳性に根本的に背馳し，配偶者の一方の意思による離婚ないし追出し離婚を是認する不当な結果をもたらすからであり，婚姻が破綻しているにもかかわらず離婚を望まない相手方配偶者の意思に反する離婚が認められないようにするためだけであるから，相手方配偶者にも婚姻を継続する意思がないことが客観的に明らかな場合にまで破綻した婚姻の継続を強制する趣旨ではないというのが判例の立場である[15]。

⑶　有責配偶者からの離婚請求を認めない有責性の程度

婚姻の破綻がもたらされた経緯は複雑で微妙な場合がほとんどであり，また，その責任が当事者のいずれにあるかを確定することが困難な場合も多い。したがって，夫婦間の婚姻関係が回復の見込みがない程度にまで破綻しているなら，原告に全的にまたは主たる責任を問うべき事由により破綻に至ったのでない限り，離婚請求は認められるべきであるが[16]，離婚について有責主義を採用している現行法制のもとでは，有責配偶者は，特別な事情のない限り，民法840条6号所定の「婚姻を継続し難い重大な事由」を理由に離婚を請求することができないとするのが判例の立場である[17]。

4　有責配偶者からの離婚請求を認めた根拠

大法院1987年判決がはじめて有責配偶者からの離婚請求を例外的に認めて以来，同判決に従う判例が続いている[18]。では，有責配偶者からの離婚請求を例外的に認めた根拠は何であろうか。

⑴　有責配偶者からの離婚請求が認められる場合

いかなる場合に有責配偶者からの離婚請求が認められるのか。例外的にそれを認めた判例をみると，相手方配偶者（無責配偶者）に婚姻を継続する意思のないことが客観的に明らかであるにもかかわらず，意地や報復的感情から相手方配偶者が離婚に応じていない場合[19]，相手方配偶者が内心では有責

108

配偶者との婚姻を継続する意思がないにもかかわらず表面上は離婚に応じていない場合，有責配偶者からの本訴請求に対する反訴請求[20]として離婚を求めている場合など当事者の双方が婚姻を継続する意思がない場合[21]，当事者双方が有責の場合[22]，相手方配偶者の責任がより重い場合[23]などである。

(2)　「特別な事情」に当たらない場合

有責配偶者甲と相手方乙との間で，甲が乙に毎月生活費を支払うが，甲が他の女性と同居しても乙は異議を唱えない内容の合意書を作成した場合，当該合意書は甲が乙を拒否しているために両名が同居はしないが，だからといって離婚はしないという乙の意思を強く表したものにすぎず，当該合意書の存在を理由に，乙が実際には婚姻を継続する意思がないにもかかわらず，専ら意地や報復的感情から離婚に応じていないとみることは困難であるとして，甲の離婚請求を棄却した原審判決を首肯した事例（大法院1996年11月8日宣告96므(ム)998判決）がある[24]。

5　2015年9月15日2013므(ム)568全員合議体判決

(1)　原則の維持・例外の許容

2015年9月15日2013므(ム)568全員合議体判決〔訳者注：以下「大法院2015年判決」という。〕に表れた大法院の立場は，民法840条6号所定の離婚事由につき婚姻制度が要求する道徳性に背馳し，信義誠実の原則に反する結果を防止するために有責配偶者からの離婚請求を原則として認めない従来の判例を変更すべきであるとの主張を受け容れることは，まだ困難であるというものであった。すなわち，依然として消極的破綻主義を原則としつつ，次のように例外的に認められる場合を説示している。

(2)　例外的な許容の基準

「婚姻制度が追求する理想と信義誠実の原則に照らしてみても，その責任が離婚請求を排斥しなければならない程度に至らない場合には，そのような配偶者からの離婚請求は婚姻と家族制度を形骸化させるおそれがなく，社会の道徳観・倫理観にも反しないといえるから，許容されることがあり得る」。

109

また，「相手方配偶者も婚姻継続の意思を有しておらず，配偶者の一方の意思による離婚ないし追出し離婚のおそれがない場合はもちろん，さらには離婚を請求する配偶者の有責性を相殺する程度に相手方配偶者および子に対する保護と配慮がなされている場合，年月の経過により婚姻破綻の当時には顕著であった有責配偶者の有責性と相手方配偶者が被った精神的苦痛が次第に薄まり，双方の責任の軽重を厳密に比較することがもはや意味をなさない程度にまで至った場合などのように，婚姻生活の破綻に対する有責性が離婚請求を排斥しなければならない程度に至らない特別の事情がある場合には，例外として有責配偶者からの離婚請求を認めることができ」る。

「有責配偶者からの離婚請求を例外的に認めることの当否を判断する際には，有責配偶者の責任の態様・程度，相手方配偶者の婚姻継続の意思および有責配偶者に対する感情，当事者の年齢，婚姻生活の期間と婚姻後の具体的な生活関係，別居期間，夫婦の別居後に形成された生活関係，婚姻破綻後の諸事情の変化の有無，離婚を認めた場合における相手方配偶者の精神的・社会的・経済的な状況と生活保障の程度，未成年の子の養育・教育・福祉の状況その他婚姻関係に関する諸事情を遍く考慮しなければならない。」

(3)　判例変更が困難な理由

「大法院が従来からとってきた法の解釈を変更するためには，離婚に関連する全体的な法体系に加え，従来の判例の背景となっていた社会的・経済的状況に有意な変化が現在生じているか等について深度のある検討が必要である。

第一に，離婚について破綻主義を採用している諸外国の離婚法制は，韓国のそれと異なり，裁判上の離婚のみを認めており，協議上の離婚を認めていない。韓国では有責配偶者であっても相手方配偶者と協議による離婚をする途が用意されているだけでなく，統計上も2022年の離婚のうち約77.3％が協議上の離婚をしている。このことは，有責配偶者といえども，真率な気持ちと十分な補償で相手方配偶者を説得することにより離婚が可能であることを意味するのであるから，有責配偶者の幸福追求権のために裁判上の離婚原因に破綻主義を導入しなければならない必然的な理由があるわけではない。

第2節　韓国における有責配偶者からの離婚請求

　次に，1990年1月13日の民法改正で離婚をする夫婦には財産分与請求権および面会交流権が認められたことにより，離婚後の女性の法的地位が改善されたことは事実である。しかし，破綻主義の立法例を採用している諸外国では，婚姻生活が破綻したとしても，未成年の子の利益のために夫婦関係を維持することが必要と認められる特別な事情がある場合，あるいは離婚に同意しない配偶者に著しく苛酷な結果を招来する場合等には離婚を認めない，いわゆる「苛酷条項」を設けるなど，破綻主義の限界を具体的かつ詳細に定めている。そして，離婚を認める場合にも，離婚後の扶養や補償給付など有責配偶者に離婚後の相手方に対する扶養の責任を負わせる制度を用意していることが一般的である。これは，破綻主義の原則を採用する一方，有責配偶者の相手方や子を保護するための制度的装置を用意することによって破綻主義に伴う相手方の犠牲を防止するためである。これに反し，韓国では破綻主義の限界や基準，離婚後における相手方および未成年の子に対する扶養責任等について何ら規定が設けられていない。もちろん法院が破綻主義の適用に関してある程度の基準を提示することは可能であろうし，また，慰謝料や財産分与制度の運用で相手方配偶者に対する配慮を一層高める方向に実務を発展させることも考えられるが，このような司法の機能のみでは，相手方配偶者の保護にはあまりにも不十分であり，おのずとその限界が存在する。したがって，有責配偶者の相手方配偶者を保護する立法上の措置がなされていない現段階において破綻主義を採用し，有責配偶者からの離婚請求をひろく認めた場合には，有責配偶者の幸福のために相手方配偶者が一方的に犠牲となる結果を招来するおそれが大きい。

　第三に，有責配偶者の責任事由にはさまざまなものがあるが，実際に最も問題となるのは，配偶者以外の者と事実婚に近い不貞行為に及ぶ場合である。韓国では重婚が禁止されており（民法810条），これに違反した婚姻は取消しの対象となるが（民法816条1号），重婚を処罰する刑法の規定は置かれていない。重婚に対する事実上の処罰規定として機能していた姦通罪が，2015年2月26日の憲法裁判所の違憲決定により廃止された以上，重婚に対する刑事上の制裁は存在しないのが実情である。大法院が有責配偶者からの離婚請求を

111

認めないことには，不貞行為により重婚的内縁が生じている場合に法律婚の配偶者の追出し離婚を防止しようとする意図もあるが，諸外国において姦通罪を廃止する代わりに重婚に対する処罰規定を置いていることに照らすと，重婚に対する適切な対策を欠いたまま破綻主義を導入することは，法律の禁ずる重婚を結果として認めるおそれがある。

　最後に，婚姻と家族生活に対する韓国社会の価値観が大きく変化し，女性の社会進出が目覚ましく増大したとはいえ，就労，賃金，子の養育等社会経済のあらゆる領域において両性の平等が実現しているとはまだいえない部分があるのが実情である。そして，韓国の離婚率が急増し，離婚に対する国民の認識が大きく変化したという事実があるとはいえ，逆説的にいえば，婚姻と家族生活に対する保護の必要性がそれだけ大きくなった事実の傍証であり，有責配偶者からの離婚請求により甚大な精神的苦痛を被り，あるいは，生計の維持が困難な場合が厳然と存在する現実から目を背けてはならない。」

Ⅲ　結びに代えて

1　契約法の観点からみた婚姻関係

　近時，韓国の家族法の教科書や論文等で財産法と対比したときの家族法の特質に関する記述が見かけなくなり，また家族法の特質を認める学者もそう多くはないように思われる。このような傾向からすると，財産関係であれ家族関係であれ，それを規律する法理は同じであるとみるべきではないかという疑義が生じる[25]。仮にそうだとすれば，婚姻も契約であり，契約であれば当然に私的自治の原則によりその解消も自由に認めるのが妥当ではないかと思われる。

　財産関係である賃貸借契約や雇用契約のような継続的契約関係において，契約が有効に成立してその効力が生じた後であっても，当事者は当該契約関係から離脱することができ，それにより相手方に損害が生じた場合には賠償をすることで足りるのではなかろうか。ところが，法的性質が同一であるとしながら，身分関係の領域では自由な離脱が認められないのはなぜだろうか。たとえば，賃借人が賃貸借の目的物を毀損した場合，当該賃借人は目的物の

毀損に責任を有するからといって賃貸借契約を解除することができないのであろうか。あるいは，従業員が会社に損害を与えたからといって雇用関係から離脱することができないのであろうか。そうでないはずである。すなわち，有責者といえども，損害賠償責任を負うだけであり，賃貸借契約や雇用契約から離脱することができないわけではない。このような財産法上の論理を身分関係にも適用するなら，有責配偶者だからといって離婚の請求を認めない理由は何であろうか。有責配偶者であっても，相手方に対して損害賠償あるいは扶養の手当てをした場合には，離婚請求を認めるべきであろう。さらには，夫婦に未成年の子がいる場合には，望まない婚姻関係を維持するよう強制することによってかえって子に否定的な影響が及び得ることをも考えると，子の福祉のためにも離婚を認めた方が望ましい結論といえよう。もちろん，筆者は家族法の特質を認める立場であるので，財産法と同一の論理を基に有責配偶者からの離婚請求の問題に接近しようとするのではないことを付言しておく。

2　基本権としての婚姻の自由

　大韓民国憲法は，36条1項が「婚姻と家族生活は個人の尊厳と両性の平等を基礎として成立され維持されなければならず，国家はこれを保障する」と定めている。そして，同法34条1項は「すべての国民は人間らしい生活を営む権利を有する」，同条3項は「国家は女子の福祉と権益の向上のために努めなければならない」，同条4項は「国家は老人と青少年の福祉向上のための政策を実施する義務を負う」と定めている。

　上記の憲法規定の理念に照らしても，婚姻の自由と同様に離婚の自由も重要であり，基本権として保障されるべきである。基本権は，国家の安全保障，社会秩序，そして公共の福祉のためにだけ法律によって制限することができ，その制限は最小限度にとどめなければならない。しかし，有責配偶者からの離婚請求の制限は，民法はもちろんどの法律にも規定されていない。ただ，民法1条の定める法源として認められていない「判例」が，有責配偶者からの離婚請求を排斥しているだけである。

3 最後に

　以上，韓国における有責配偶者からの離婚請求について検討した。1960年代から「絶対不許」の立場をとってきた大法院が，大法院1987年判決を嚆矢として「原則的不許」へと立場を転換した。当時には，有責配偶者からの離婚請求を認める扉がすぐに開くのではないかという期待があったが，その扉は30年を過ぎても開かないままである。そのような状況の中，大法院2015年判決により，その扉がまだしばらくは開かないということが再確認された。とはいえ，大法院長および大法官の13名全員が参加した同判決では，消極説を支持した裁判官が7名，積極説を支持した裁判官が6名とその差は1名に過ぎなかった。全員合議体裁判部がいつまた開かれるかは予測することができないが，1名という数字は，いつでも覆り得るものである。

　いまの社会は，10年前と比較してさまざまな面で目覚ましい変化を見せている。にもかかわらず，20年ないし30年前の状況を前提として有責配偶者からの離婚請求を認めないことは，時代に遅れに遅れているものといわざるを得ない。20余年もの間開かなかった扉をわずかに開けた時からさらに40年が経過しようとしている。しかしながら，社会が変わったとはいえ，長い間閉ざされていた扉をいきなり全開にすれば，それによって新しい問題が生じるという危険を甘受しなければならないであろう。

　そこで，大法院に勧めたい。現在の「原則的消極」という立場からも有責配偶者からの離婚請求を認める例外が次第に拡大しており，「特別な事情」もまた，「特別でなかった事情」が「特別な事情」となる場合が多くなっている。離婚を難しくすることは，婚姻が忌避される否定的要因として作用し得る。したがって，有責配偶者からの離婚請求について全面的に認めることは，いくつか懸念される事項があるだけに時期尚早であるとはいえ，今こそ「原則的消極」の立場から「原則的積極」の立場への扉を開くべき時である。

第2節　韓国における有責配偶者からの離婚請求

【注】

1) その他婚姻を継続し難い重大な事由。

2) 離婚件数の合計は，協議離婚か裁判離婚かが不明な場合を含むものであり，2024年3月の時点で2022年の統計が直近の統計である。

3) 判例に表れた主な棄却事由をみると，「裁判上の離婚において有責主義の法制をとる民法の解釈上，婚姻生活の破綻に責任を有する有責配偶者は，当該婚姻が破綻に至ったとして離婚をすることができない」（大法院1986年3月25日宣告85므98判決），「婚姻法上，有責配偶者は離婚審判を請求することができないのであるから，請求人の姦通が本意ではなく一時的な過ちによるものであったとしても，婚姻関係の破綻または不和がその姦通の事実に縁由するものであれば，請求人が有責配偶者となるのであり，したがって，請求人は離婚審判を請求することができない」（大法院1984年7月10日宣告84므7判決）等がある。

4) 消極説に立つ判例は，大法院1965年9月21日宣告65므37判決，大法院1982年9月28日宣告82므37判決，大法院1982年12月28日宣告82므54判決，大法院1983年3月22日宣告82므57判決，大法院1983年6月28日宣告82므55判決，大法院1983年7月12日宣告83므11判決，大法院1984年7月10日宣告84므7判決，大法院1984年12月11日宣告84므90判決，大法院1985年7月23日宣告85므20判決，大法院1986年2月25日宣告85므79判決，大法院1986年3月25日宣告85므98判決，大法院1986年9月23日宣告86므24判決等があり，大法院1987年4月14日宣告86므28判決以後，例外的に有責配偶者からの離婚請求を認める判例が継続的に出されるようになる。

5) 大法院1987年判決に従う判例として，大法院1987年9月22日宣告86므87判決，大法院1987年12月8日宣告87므44判決，大法院1988年2月9日宣告87므60判決，大法院1988年3月22日宣告87므83判決，大法院1993年2月12日宣告92므778判決，大法院1993年11月26日宣告91므177判決，大法院1998年6月23日宣告98므15判決，大法院1999年10月8日宣告99므1213判決，大法院2004年9月24日宣告2004므1033判決等がある。そして，有責配偶者からの離婚請求につき不許の原則を再確認した大法院2015年判決に従う判例として，大法院2015年10月29日宣告2012므721判決，大法院2022年5月26日宣告2021므15480判決，大法院2022年6月16日宣告2022므10109判決，大法院2022年6月16日宣告2019므14477判決，大法院2022年6月16日宣告2021므14258判決，大法院2022年6月16日宣告2022므10932判決等がある。なお，大法院2022年7月28日宣告2021므11112判決が現時点で直近のものである。

6) 大法院1987年4月14日宣告86므28判決，大法院1987年9月22日宣告87므8判決，大法院1987年9月29日宣告87므22判決，大法院1988年4月25日宣告87므9判決，大法院1989年6月27日宣告88므740判決，大法院1989年10月13日宣告89므785判決，大法院1989年10月24日宣告89므426判決，大法院1990年3月27日宣告89므235判決，大法院1990年4月24日宣告89므1214判決，大法院1990年5月11日宣告90므231判決，大法院1990年9月25日宣告89므112判決，大法院1991年11月22日宣告91므23判決，大法院1993年3月9日宣告92므990判決，大法院1993年11月26日宣告91므177・184（反訴）判決，大法院1995年11月21日宣告95므731判決，大法院1996年6月25日宣告94므741判決，大法院1999年6月23日宣告98므15・22判決，大法院2004年2月27日宣告2003므1890判決，大法院2004年9月24日宣告2004므1033判決等。

7) 大法院1993年11月26日宣告91므177・184（反訴）判決，大法院1995年11月21日宣告

115

第2章　韓国における有責配偶者からの離婚請求

　95旦(ㅁ)731判決，大法院1996年11月8日宣告96旦(ㅁ)998判決，大法院1997年5月16日宣
　告97旦(ㅁ)155判決，大法院1998年6月23日宣告98旦(ㅁ)15・12判決，大法院1999年10月
　8日宣告99旦(ㅁ)1213判決，大法院2004年2月27日宣告2003旦(ㅁ)1890判決，大法院2004
　年9月24日宣告2004旦(ㅁ)1033判決，大法院1990年9月25日宣告89旦(ㅁ)112判決等。

8）大法院1989年10月13日宣告89旦(ㅁ)735判決，大法院1993年3月9日宣告92旦(ㅁ)990判決，
　大法院1993年11月26日宣告91旦(ㅁ)177・184（反訴）判決，大法院1995年11月21日宣告
　95旦(ㅁ)731判決等。

9）大法院1987年4月14日宣告86旦(ㅁ)28判決，大法院1990年3月27日宣告89旦(ㅁ)235判決，
　大法院1991年11月22日宣告91旦(ㅁ)23判決，大法院2004年2月27日宣告2003旦(ㅁ)1890判
　決等。

10）大法院1990年4月24日宣告89旦(ㅁ)1214判決。

11）大法院1985年7月23日宣告85旦(ㅁ)20判決，大法院1986年3月25日宣告85旦(ㅁ)98判決
　等。

12）大法院1988年4月25日宣告87旦(ㅁ)9判決，大法院1991年7月9日宣告90旦(ㅁ)1067判
　決等。

13）大法院1992年11月10日宣告92旦(ㅁ)549判決。

14）大法院1988年4月25日宣告87旦(ㅁ)9判決，大法院2004年2月27日宣告2003旦(ㅁ)1890
　判決等。

15）大法院1987年4月14日宣告86旦(ㅁ)28判決。

16）大法院1988年4月25日宣告87旦(ㅁ)9判決。

17）大法院1983年3月22日宣告82旦(ㅁ)57判決，大法院1987年9月22日87旦(ㅁ)8判決等。

18）大法院1986年3月25日宣告85旦(ㅁ)85判決，大法院1987年9月22日宣告86旦(ㅁ)87判決，
　大法院1987年12月8日宣告87旦(ㅁ)44・45判決，大法院1988年2月9日宣告87旦(ㅁ)60判
　決，大法院1988年3月22日宣告87旦(ㅁ)83判決，大法院1991年7月9日宣告90旦(ㅁ)1067
　判決，大法院1992年11月10日宣告92旦(ㅁ)549判決，大法院1993年11月26日宣告91旦(ㅁ)
　177・184（反訴）判決，大法院1995年11月21日宣告95旦(ㅁ)731判決，大法院1996年11
　月8日宣告96旦(ㅁ)998判決，大法院1997年5月16日宣告97旦(ㅁ)155判決，大法院1999年
　10月8日宣告99旦(ㅁ)1213判決，大法院2004年2月27日宣告2003旦(ㅁ)1890判決，大法院
　2004年9月24日宣告2004旦(ㅁ)1033判決，大法院2006年1月13日宣告2004旦(ㅁ)1378判決
　等。

19）大法院1987年4月14日宣告86旦(ㅁ)28判決，大法院1993年11月26日宣告91旦(ㅁ)177・
　184（反訴）判決，大法院1995年11月21日宣告95旦(ㅁ)731判決，大法院1996年11月8日
　宣告96旦(ㅁ)998判決，大法院1997年5月16日宣告97旦(ㅁ)155判決，大法院1999年10月8
　日宣告99旦(ㅁ)1213判決，大法院2004年2月27日宣告2003旦(ㅁ)1890判決，大法院2004年
　9月24日宣告2004旦(ㅁ)1033判決，大法院2006年1月13日宣告2004旦(ㅁ)1378判決等。

20）有責配偶者からの離婚請求に対して相手方が反訴請求として離婚を請求する事情だ
　けでは有責配偶者に離婚請求権が認められないとした大法院1998年6月23日宣告98旦
　(ㅁ)15・22判決がある。

21）大法院1987年4月14日宣告86旦(ㅁ)28判決，大法院1987年9月22日宣告86旦(ㅁ)87判決，
　大法院1987年12月8日宣告87旦(ㅁ)44・45判決，大法院1988年2月9日宣告87旦(ㅁ)60判
　決等。

22）大法院1986年3月25日宣告85旦(ㅁ)5判決。

23）大法院1992年11月10日宣告92旦(ㅁ)549判決，大法院1994年5月27日宣告94旦(ㅁ)130判

決等。

24) これに従う判例として，大法院1997年 5 月16日宣告97므㈀155判決，大法院1998年 6
月23日宣告98므㈀15判決，大法院1999年10月 8 日宣告99므㈀1213判決，大法院2004年
9 月24日宣告2004므㈀1033判決等がある。

25) 筆者は，財産関係と対比した身分関係の特質（非打算性，習俗性，強行法規性およ
び要式性）を認める立場である。

（WOO, Byoung-Chang／淑明女子大学教授）

第3章

日本における有責配偶者からの
離婚請求

第1節

有責配偶者からの離婚請求に関する
判例と解釈について

小川　富之

I　はじめに－有責主義と破綻主義

　日本で，一般に使われている『法律学小辞典〔第5版〕』では，「有責主義」と「破綻主義」の項目に，次のように記載されている（『法律学小辞典〔第5版〕』（有斐閣，2016年）1297・1078頁。）。

1　有責主義

　離婚を認めるためには，姦通・遺棄・虐待など，常に配偶者の一方に非難される有責行為のあることを必要とする立法主義で，客観的に婚姻関係の継続が困難な状況にあれば離婚を認めようとする破綻主義に対立する概念である。従来の離婚法では有責主義をとるものが多く，殊に西欧諸国ではこの立法主義が有力であるが，近時は破綻主義へと進む傾向が認められ，わが民法も，戦後，有責主義的な離婚原因に加えて破綻主義的な離婚原因も規定するに至った。

2　破綻主義

　離婚において，一定期間の別居など，夫婦間の共同生活関係の客観的な破綻を離婚原因として認める立法主義をいう。当事者の一方の有責行為を離婚原因とする有責主義に対する。欧米諸国における離婚法は，1960年代後半以降，有責主義から破綻主義へと改正された。わが国の民法は，戦前は有責行為だけを裁判離婚の離婚原因としていたが，戦後の改正（昭和22年法222）

第3章　日本における有責配偶者からの離婚請求

によって，精神病および「婚姻を継続し難い重大な事由」(770条1項4〜5号) という破綻主義の離婚原因が加わった。しかし，民法は明治の立法当初から，いわば極限的な破綻主義の離婚制度である簡便な協議離婚を裁判離婚とは別個に制度化しているため，戦後改正をもって破綻主義に移行したとはいえない。改正後間もなく，最高裁判所は，婚姻生活の破綻をもたらした有責配偶者はその破綻を離婚事由として離婚請求できないとする消極的破綻主義の判例を確立した (最判昭和27年2月19日民集6巻2号110頁等)。これに反対する積極的破綻主義の学説が次第に増加していたところ，最高裁判所は判例を変更し，一定の要件の下で有責配偶者の離婚請求を認めるに至っている (最大判昭和62年9月2日民集41巻6号1423頁)。平成8 (1996) 年の法制審議会「民法の一部を改正する法律案要綱」では，これを受けて，5年以上継続して婚姻の本旨に反する別居を要件として離婚を認める規定を新設する案が示されたが，いまなお実現されていない。

Ⅱ　二つの判例

　有責配偶者からの離婚請求に関しては，消極的破綻主義の立場から，離婚請求を否定した，いわゆる「踏んだり蹴ったり判決」と，戦後最大の判例変更の一つだといわれる「昭和62年9月2日最高裁大法廷判決」がある。

1　踏んだり蹴ったり判決 (最判昭和27年2月19日民集6巻2号110頁)

【事案】

　X男 (上告人) とY女 (被上告人) は，昭和18 (1943) 年に婚姻した (2人の間には子どもはいない)。昭和21 (1946) 年XはA女と情交関係を結び，昭和22 (1947) 年Aとの間に子Bをもうけた。同年以降Xは，Yと別居しA・Bと暮らしている。Yは，Xに対してAとの関係を断つことを要求したが，Xがこれを拒絶したため，口論となり，YはXに暴言を吐き，ほうきでたたいたり出刃包丁をふりまわしたり，頭から水をかけたり，靴を便所に投げ込んだりした。そしてXは，民法旧規定813条1項5号に基づき配偶者から同居に堪えない虐待または重大な侮辱を受けたことを理由とし，また予備的に770条

第1節　有責配偶者からの離婚請求に関する判例と解釈について

1項5号の婚姻を継続し難い重大な事由があるとして離婚を求めた。

　第1審（奈良地裁判決年月日不明・民集6巻2号117頁参照）はXの請求を棄却した。第2審（大阪高判昭和24年7月1日民集6巻2号119頁参照）も「……『その他婚姻を継続し難い重大な事由があるとき』というのは……，社会観念からみて配偶者に婚姻生活の継続を強いることがひどすぎるといわなければならない程婚姻関係が破壊せられた場合を指すのであつて，……必ずしも離婚を求められる配偶者の責に帰すべき事由であることを要しないけれども，婚姻関係の破壊が主として離婚を求める側の配偶者の一方の責に帰すべき事由に基く場合を包含しないものと解するのを相当とする。自己の責に帰すべき事由によつて婚姻関係の破壊をもたらしながら，これを離婚の訴の原因とするようなことは信義誠実の原則によつても許されない」として，Xの請求を棄却した。Xから，770条1項5号による離婚請求において破綻の原因が誰であるかを問うものではないこと，本件では両者の行動が原因となって婚姻が破綻したこと，破壊された婚姻関係が安定する見込みが立たず原判決は実益がない等と主張して上告した。

【判旨】

上告棄却

「……論旨では本件は新民法770条1項5号にいう婚姻関係を継続し難い重大な事由ある場合に該当するというけれども，原審の認定した事実によれば，婚姻関係を継続し難いのは上告人が妻たる被上告人を差し置いて他に情婦を有するからである。上告人さえ情婦との関係を解消し，よき夫として被上告人のもとに帰り来るならば，何時でも夫婦関係は円満に継続し得べき筈である。即ち上告人の意思如何にかかることであつて，かくの如きは未だ以て前記法条にいう『婚姻を継続し難い重大な事由』に該当するものということは出来ない。……上告人は上告人の感情は既に上告人の意思を以てしても，如何ともすることが出来ないものであるというかも知れないけれども，それも所詮は上告人の我儘である。結局上告人が勝手に情婦を持ち，その為め最早被上告人とは同棲出来ないから，これを追い出すということに帰着するので

123

第3章　日本における有責配偶者からの離婚請求

あつて，もしかかる請求が是認されるならば，被上告人は全く俗にいう<u>踏ん</u>
<u>だり蹴たり</u>である。法はかくの如き不徳義勝手気儘を許すものではない。道
徳を守り，不徳義を許さないことが法の最重要な職分である。……<u>前記民法</u>
<u>の規定は相手方に有責行為のあることを要件とするものでないことは認める</u>
<u>けれども，さりとて前記の様な不徳義，得手勝手の請求を許すものではな</u>
<u>い。</u>」

2　昭和62年9月2日最高裁大法廷判決（最判昭和62年9月2日民集41巻6号 1423頁）

【事案】

　上告人X（夫）は不貞の相手方である女性と同居を始め40年近く経過した。
別居後，被上告人Y（妻）は生活を支援する趣旨で処分権が与えられていた
X名義の不動産を処分したり就労によって生計を立て，また，親族の援助を
受けて生活してきた。Xは，婚姻が形骸化して実態を全く失っているとし，
770条1項5号に基づき離婚請求をしたが，第2審（東京高判昭和60年12月19日
判時1202号50頁）は離婚請求を認めなかった。

　Xは，770条1項5号は，不治的に破綻している婚姻は当事者の責任を問
わずその解消を認めるという原則に立脚していると主張し，別居時には財産
分与とも言うべき財産給付をしたこと，別居が長期にわたること，子どもは
いないこと，Yとの共同生活の実態もその継続の意思もないこと，X・Yは
高齢となっており有責性が風化していることなどを理由として上告した。

【判旨】

破棄差戻し

　770条1項5号は「夫婦が婚姻の目的である共同生活を達成しえなくなり，
その回復の見込みがなくなつた場合には，夫婦の一方は他方に対し訴えによ
り離婚を請求することができる旨を定めたものと解されるのであつて，同号
所定の事由（以下『5号所定の事由』という。）につき責任のある一方の当事者か
らの離婚請求を許容すべきでないという趣旨までを読みとることはできな

い。」

「離婚請求は，正義・公平の観念，社会的倫理観に反するものであつては
ならないことは当然であつて，この意味で離婚請求は，身分法をも包含する
民法全体の指導理念たる信義誠実の原則に照らしても容認されうるものであ
ることを要する……。」

「信義誠実の原則に照らして許されるものであるかどうかを判断するに当
たつては，有責配偶者の責任の態様・程度を考慮すべきであるが，相手方配
偶者の婚姻継続についての意思及び請求者に対する感情，離婚を認めた場合
における相手方配偶者の精神的・社会的・経済的状態及び夫婦間の子，殊に
未成熟の子の監護・教育・福祉の状況，別居後に形成された生活関係，たと
えば夫婦の一方又は双方が既に内縁関係を形成している場合にはその相手方
や子らの状況等が斟酌されなければならず，更には，……時の経過がこれら
の諸事情に与える影響も考慮されなければならない……。」

「有責配偶者からされた離婚請求であつても，夫婦の別居が両当事者の年
齢及び同居期間との対比において相当の長期間に及び，その間に未成熟の子
が存在しない場合には，相手方配偶者が離婚により精神的・社会的・経済的
に極めて苛酷な状態におかれる等離婚請求を認容することが著しく社会正義
に反するといえるような特段の事情の認められない限り，当該請求は，有責
配偶者からの請求であるとの一事をもつて許されないとすることはできない
……5号所定の事由に係る責任，相手方配偶者の離婚による精神的・社会的
状態等は殊更に重視されるべきものでなく，また，相手方配偶者が離婚によ
り被る経済的不利益は，本来，離婚と同時又は離婚後において請求すること
が認められている財産分与又は慰藉料により解決されるべきものである
……。」

＊特段の事情の判断について：差戻審（東京高判平成元年11月22日判時1330号
　48頁）により「特段の事情」はないと判断されている。

第3章　日本における有責配偶者からの離婚請求

Ⅲ　日本の離婚法制

　日本の離婚法制としては，裁判所の関与しないもので，離婚全体の約9割を占める協議離婚と，裁判所の関与する離婚があり，裁判所の関与するもの内の約9割を占めるのが調停離婚（審判〔調停に代わる審判〕を含む）で，民法770条で規定する離婚原因を基に訴えを提起し，判決による離婚と，訴訟中に和解や認諾による離婚がある。

1　協議離婚

　夫婦の合意による婚姻関係の解消。日本の民法では当初からこのような協議上の離婚を認めている（763条）。

　要件は，当事者の意思能力の存在，離婚の合意および戸籍上の届出（764条）だけで，特に離婚原因は必要とされない。

　当事者間に未成年の子がある場合は，親権者を定めて届出をしなければ，離婚届は受理されない（819条1項・765条1項）。

2　調停離婚

　離婚について当事者間の話合いがまとまらない場合や話合いができない場合に，家庭裁判所の調停手続を利用して合意を形成し，調停調書を作成することで成立する離婚。調停手続では，離婚そのものだけでなく，離婚後の子の親権者を誰にするか，親権者とならない親と子との面会交流をどうするか，養育費，離婚に際しての財産分与や年金分割の割合，慰謝料についてどうするかといった財産に関する問題も一緒に話し合うことができる。

　調停で合意が形成できない場合は，調停は終了し，新たに離婚の訴えを提起することになる。なお，離婚の訴えを提起する前に，まず調停の申立てをしなければならないという調停前置主義が採用されている（家事257条1項）。

3　審判離婚（調停に代わる審判）

　当事者の合意による調停成立の見込みがない場合に，裁判所が事件の解決のために相当な裁判をし，その告知を受けた日から2週間以内に当事者また

は利害関係人による異議申立てがないときに，その裁判の内容が調停成立と同一の効力を認めるもの（家事284～286条）。

4 和解離婚

離婚を訴訟で争っている当事者が，お互いに譲歩して，その間に存在する争いをやめることを合意することで成立する離婚。通常は裁判所の和解勧試によって譲歩し合った結果を裁判所または裁判官に陳述する行為で，和解内容が調書に記載され，その和解調書は確定判決と同一の効力を有する（人訴37条1項・民訴267条）。

5 認諾離婚

離婚訴訟の口頭弁論，弁論準備手続または和解の期日において，自己の権利主張を否定する陳述をすることで成立する離婚で，原告が自己の訴訟上の請求（訴訟物）である権利主張を否定する陳述をする場合が請求の放棄，被告が原告の訴訟上の請求（訴訟物）である権利主張を認める陳述をする場合が請求の認諾である（人訴37条1項・民訴266条）。

6 判決離婚

離婚方法としての，協議離婚（763条），調停離婚（家事244条），和解離婚（人訴37条1項）は当事者間の合意を基礎として成立するのに対して，当事者間に合意が成立しないときに，当事者の一方からの請求により，裁判所の判決で，他方当事者の意思に反して離婚を認める離婚。判決離婚では，他方の意思に反してでも離婚をすることが正当化されるための理由が必要とされる。民法770条（裁判上の離婚）の1項で，離婚の訴えを提起できる場合として，不貞行為（1号），悪意の遺棄（2号），3年以上の生死不明（3号），回復の見込みのない強度の精神病（4号。同号は令和6年の民法改正により削除）および婚姻を継続し難い重大な事由（5号）を規定し，2項で，「裁判所は，前項第1号から第4号までに掲げる事由がある場合であっても，一切の事情を考慮して婚姻の継続を相当と認めるときは，離婚の請求を棄却することができ

る。」と規定している。したがって，婚姻を継続し難い重大な事由がある場合には裁判所は，離婚請求を認めることになり，離婚が判決されることになる。この第5号で規定する「婚姻を継続し難い重大な事由」とは，一般に婚姻関係が破綻し，回復の見込みがない状態をいい，破綻主義離婚原因を規定するものであると解されている。

Ⅳ　判例の動向

1　別居期間

昭和62年9月2日最高裁大法廷判決の事例では，別居期間40年以上であったが，最近では10年前後，場合によっては，8～9年程度で認められた例もあり，破綻主義の傾向が強くなってきていると解される。有責配偶者の離婚請求でない通常の離婚請求訴訟では，実務上5～6年程度の別居で破綻を認定する場合が多い（有責配偶者からの離婚請求事件で，8年の別居期間で離婚を認めたものとして，最判平成2年11月8日家月43巻3号72頁。）。

2　未成熟子の有無

有責配偶者からの離婚請求事件で，高校2年生の子がいる場合であっても，離婚を認めたものがある（最判平成6年2月8日家月46巻9号59頁）が，小学校高学年の児童や中学生といったような，思春期の場合には，離婚請求を認めるのは難しいと思われる。

3　苛酷条項

基本的には，経済的な問題については，離婚給付での解決を図るべきであると解されている。

Ⅴ　おわりに－有責配偶者からの離婚請求に関する法改正と立法の課題

現在，法務省の法制審議会で，離婚後の子の養育法制が議論されており，これと併せて，離婚制度自体を抜本的に見直す必要性があると思われる。欧

米諸国の多くの国々のように，一定期間の別居の継続で，婚姻破綻を推定し，離婚を認める制度が導入されれば，家庭裁判所での離婚自体の審理の必要性が軽減されることになる。有責主義的な離婚原因の規定がなくなることにより，離婚慰謝料の請求を認める余地がなくなれば，当事者が離婚に関して，相手方を攻撃する必要もなくなり，裁判所の機能として，夫婦間の過去の問題について判断し婚姻解消の可否を判断することから，夫婦財産の清算等の経済的問題の解決や，家族の将来，特に子の健全な成育の実現へと役割を変えていくことができるようになることを期待したい。

＊令和6（2024）年5月17日，民法等の一部を改正する法律（令和6年法律第33号）が成立し，父母の離婚等に直面する子の利益を確保するため，離婚後の共同親権の導入を含めた子の養育に関する父母の責務についての見直しがなされた。

（OGAWA, Tomiyuki／広島大学法科大学院客員教授）

第2節

日本における有責配偶者からの離婚請求に関する裁判実務と問題

大森　啓子

I　はじめに

　私は，弁護士として，これまで離婚を含む多くの家事事件の相談や家庭裁判所での調停，訴訟に携わってきた。また，2014年から4年間，東京家庭裁判所で非常勤裁判官として週1日調停事件を主宰した経験があるほか，2018年から現在まで，東京家庭裁判所において家事調停委員として調停事件の進行に携わっている。

　本稿では，当事者の代理人としての経験のほか，家庭裁判所における調停官や調停委員としての経験に基づき，有責配偶者からの離婚請求をめぐる実務に関して論じていくこととしたい。なお，本稿で述べる内容はあくまで個人的な所感・意見であることにくれぐれもご留意いただきたい。

II　離婚をめぐる当事者の考え

　経験上，離婚するかしないかをめぐって対立する事件では，夫と妻それぞれの離婚ひいては婚姻に対する価値観の相違を目の当たりにする。考えや価値観などについては国や文化によって異なるかもしれないため，日本における実務や実態を知る前提として，日本人の当事者の考えの傾向を最初に紹介することとしたい。

第 3 章　日本における有責配偶者からの離婚請求

1　離婚したい当事者の考え

　離婚を求める側は，"実質"を伴う夫婦関係があることが婚姻関係を維持する前提として必要であり，その関係性が破綻した以上は，もはや婚姻を維持することはできず離婚以外の選択肢はないと考えていることがほとんどである。すなわち，婚姻関係は，夫婦の双方が信頼関係やその維持を求める意思があって成り立つものであり，夫婦の一方が関係を切りたいと考えており，かつ夫婦としての関係性がもはや形骸化している状況では，婚姻関係を維持する前提が失われていると感じている。それにもかかわらず，他方の配偶者が離婚したくないと主張し，その結果婚姻関係に拘束され続けることになるのは，人生そのものが他方配偶者によって一方的に束縛されることを意味するもので理不尽であり，それ自体が他方配偶者による不当な苦痛に他ならないと考えている。

　こうした考えは，離婚したい側に有責性がある場合に限られず，離婚をめぐって対立しているケース全般に通じる。さらには，離婚したくないと言っている側に有責性がある場合においても同様であるように思われる。なぜなら，夫婦の一方に不貞や暴力といった有責性がある場合，他方の配偶者が離婚を求める理由としては，不貞や暴力それ自体もさることながら，正確には不貞や暴力の結果，夫婦としての信頼性，関係性が破綻してしまった点にあると考えられるからである。

2　離婚したくない当事者の考え

　これに対し，離婚を求められ，それを争う側は，離婚をするにはそれなりの理由（原因）が必要だと考え，自分たちの関係はまだ破綻にまで至っていない，修復可能であるなどと捉える傾向が強いと言える。多くのケースにおいて，離婚したくない当事者も他方配偶者への愛情や信頼関係をもはや有していない。しかし，離婚に至る"破綻"は離婚を求める側が考える破綻よりもハードルが高く，単に夫婦関係が形骸化しているだけでは足りずより決定的な状況になければならないと考える傾向があるように思われる。また，離婚原因についても同様であり，離婚したくない配偶者は，離婚原因に該当する

のは不貞や暴力など深刻な，決定的なものと考える場合が少なくない。そして，その原因が離婚したい側にある場合は，離婚は不正義であり，認められるべきではないと強く考えている。

また，これらの背景事情として，婚姻関係への依存が強く見られる場合も少なくない。婚姻して退職するなどし，社会的あるいは経済的に自立していないケースでは，文字通り，「私は結婚に人生を賭けた（捧げた）のに」と強く感じる当事者が多い。

3 子どもをめぐる考えの対立

なお，こうした夫婦は，子どもをめぐっても考え方が対立する。

離婚を拒む側は，離婚することは子どもにとってもマイナスであり，よほどの理由がない限り認められるべきではないと考えている。それは，父母が離婚せず夫と妻の関係でいることが子どもの心の安定等にとってもよいという精神的な面のほか，生活費・教育費などの経済的な安定や住環境を維持する点に主眼がある。

他方，離婚を求める側は，夫婦の関係と親子の関係は別だと考えている場合が大半である。離婚しても親子であることには変わりがなく，また形骸化しあるいは紛争している父母の姿を見聞きし，接している方が子どもにとってよくないと考えている。また，離婚を拒む側は子どもを盾にしているとすら考え，相手への嫌悪をより深めている当事者も少なくない。

4 当事者の考えと離婚の有責主義・破綻主義

以上から，離婚をめぐって対立する当事者の考えがいかに相いれないもので，解決困難であるか，理解していただけるのではないだろうか。有責配偶者による離婚請求においても，その解決にはより困難を極めるケースが大半である。

また，離婚を求める側は，破綻主義に近い考えを有しているのに対し，離婚を求められる側は有責主義に近い考えを有する傾向にあるように感じる。

第3章　日本における有責配偶者からの離婚請求

Ⅲ　日本における有責配偶者からの離婚請求

1　有責配偶者からの離婚請求の位置づけ

　日本の民法において，有責配偶者からの離婚請求に関する明文の規定はない。裁判離婚に関する規定である民法770条は，1項で離婚事由を定め，2項において，同条1項の1号から4号に掲げる事由がある場合であっても一切の事情を考慮し婚姻継続を相当と認める場合は離婚請求を棄却できる旨を定めている。しかし，有責配偶者の離婚請求は，同条2項のいわゆる裁量棄却の一場面として位置づけられておらず，判例上，信義誠実の原則（民法1条2項）の領域として扱われてきている。

　しかし，その判断内容は時代の変遷により変化している。

　最三小判昭和27年2月19日民集6巻2号110頁は，他の女性と関係を持ち，子をもうけ，妻と別居して当該母子と生活していた夫からの離婚請求について，夫さえ女性との関係を解消して妻の元に戻れば何時でも夫婦関係は円満に継続できるのであって，有責性がある夫による離婚請求を認めることは妻にとっては「踏んだり蹴ったり」であると評し，離婚請求は道徳観念上許されないとした。この判決のように，当初は有責配偶者による離婚請求は認めない傾向にあったが，その後夫婦それぞれの有責の程度を勘案して判断する裁判例がみられるようになった。そして，最大判昭和62年9月2日民集41巻6号1423頁は，不貞相手と約40年同居し，妻には生活支援目的で自らの名義の不動産の処分権を与えるなどしていた夫からの離婚請求について，①夫婦の別居が年齢・同居期間との対比において相当の長期間に及んでいること，②未成熟子が存在しないこと，③相手方配偶者が離婚により精神的・社会的・経済的に極めて苛酷な状態におかれる等離婚請求を認めることが著しく社会正義に反するといえるような特段の事情が認められないことという要件を示し，こうした要件を満たす場合において有責配偶者による離婚請求を認めた。その後の裁判例は，上記3要件に依拠しつつ個別事案に応じて判断がなされている。

2 有責配偶者からの離婚請求が問題となる場面

(1) 夫婦関係の破綻

有責配偶者からの離婚請求は，夫婦関係が破綻しており，離婚を求める側に有責性がなければ離婚請求は認められるものである。そのため，有責配偶者からの離婚請求が問題となる場面としては，夫婦関係が客観的に破綻している状況にあることが前提となる。

(2) 有責性

民法770条1項は，裁判離婚における離婚事由として，不貞行為や悪意の遺棄，3年以上の生死不明，強度の精神病，その他婚姻を継続し難い重大な事由（典型的なのは別居や暴力その他DVなどである）と定めている。

他方，有責配偶者による離婚請求における「有責配偶者」とは，婚姻破綻について有責である配偶者を意味する。この「有責」については，実務上は不貞の事案が圧倒的に多く，暴力の事案も時折見かける。また，数は多くないものの，悪意の遺棄に該当する事案も存在する。例えば，夫が家を出て別居し，婚姻費用（生活費）を支払わず，妻が住んでいる自宅を売却したり又は賃貸借契約を解約したりするなどして妻を事実上追い出すようなケースについて，夫の一連の行動は悪意の遺棄に該当するとして有責性があると認定し，夫からの離婚請求を認めないとされる場合もある。

Ⅳ　日本における裁判実務の概要

1　日本における手続の概要

日本では，当事者の合意で離婚する協議離婚制度があり，離婚の約9割が協議離婚によるものとされている。そのため，有責配偶者から離婚を求められるケースについても，協議によって解決されているものも相当数あると思われる。

他方，離婚をめぐる家庭裁判所の手続としては，調停手続と訴訟手続の2種類の手続がある。

離婚など家族に関する紛争はなるべく話合いによって解決することが望ましいといえる。そのため，家事事件手続法では調停前置主義が取られており，

いきなり訴訟を提起するのではなく，原則として，まず調停手続を経る必要があるとされている（家事事件手続法257条1項）。また，訴訟が係属している場合であっても，裁判所は当事者の意見を聴いていつでも職権で家事調停に付することができるとされている（同法274条1項）。

調停事件は調停委員2名と裁判官1名で構成される調停委員会が主宰する。調停において当事者が離婚やその条件について合意に達すれば，調停は成立し終了する（同法268条1項）。これに対し，合意が成立する見込みがないと判断される場合，調停は不成立で終了する（同法272条1項）。

調停が不成立で終了した場合，離婚を求める側は，その実現を求めて離婚訴訟を提起することになる。多くの家庭裁判所において，調停を担当する裁判官と訴訟を担当する裁判官は別である。

2　離婚に関する裁判官の考え

実務的な感覚として，大半の裁判官は，基本的に破綻主義に親和的な考えを持っているように感じる。家庭裁判所での解決を望む当事者の多くは高葛藤の状況にあることもあり，破綻している夫婦が婚姻関係を継続させることはもはや現実的ではないと考えるのが裁判官を含めた多くの実務家の率直な肌感覚になっているのではないかと思われる。訴訟の現場では，婚姻期間等の事情にはよるものの，2〜3年別居していれば夫婦としての実態はなく破綻していると考えられる傾向にある。そして，これまでの経験上，有責配偶者による離婚請求に関しては，夫婦関係が破綻しているとしても，離婚を認めることが信義誠実に反すると考えられるような場合の1つとして扱い，個別事案の妥当性を図ろうとしているように感じている。

V　調停の実情

1　調停の傾向

家事調停手続は，双方当事者の主張や考えなどを調整し，合意による解決を図ろうとする手続である。当事者間において離婚することには異論なく，その条件をめぐって調整する事案も多いが，離婚自体をめぐって対立してお

り，その調整が必要となる事案も少なくない。そして，後者，すなわち離婚自体をめぐって対立するケースでは，当事者間の対立が根深く，調整が難航し早々に不成立となる場合も多く見られる。

2 破綻をめぐる調整

離婚を求める側（申立人）は，夫婦関係は既に破綻しており，離婚以外の選択肢はないと主張する。申立人が主張する夫婦関係の破綻は，例えば，長期間の別居，相手方からの暴力あるいは不貞，性格の不一致などである。

これに対し，離婚を争う側（相手方）は，離婚を拒む理由として，そもそも夫婦関係は破綻まで至っていないと主張する場合がある。具体的には，申立人の主張する別居時期に疑義を述べたり，暴力・不貞の事実を否定したりするなど事実関係を争う場合のほか，事実関係自体は大きく争わないものの破綻との評価を否定し争う場合もある。

相手方が破綻自体を争う場合において，長期間の別居など客観的に破綻していることが明らかと考えられるようなケースでは，事案によっては，調停委員会が相手方に対し，調停が不成立となり訴訟になった場合には破綻が認定される可能性が高いなどの見通しを示唆することもある。しかし，相手方は，あくまでも破綻はしていないと主張したり，あるいはいかに自分が婚姻生活の維持に尽くしてきたか，申立人のせいで苦労したかなどを滔々と述べ，離婚は不正義であるなどと主張したりすることが多い。その背景には，離婚後の生活に不安がある場合も少なくなく，双方当事者の価値観・考えの隔たりが大きく調整が困難となることが多い。

3 有責をめぐる調整

相手方が，破綻は認めつつ，あるいは破綻自体を争うとともに，申立人において不貞があったことや，申立人による暴力があることなどを主張し，有責配偶者に該当するとして離婚を受け入れることはできないと述べる場合も少なくない。

この場合，相手方が不貞や暴力の証拠を提示し，申立人も不貞などの事実

を認める事案も一定数ある。しかし，申立人において，不貞や暴力等の事実を否定し，有責配偶者であることを争う場合のほか，不貞は認めつつ夫婦関係の破綻後であるなどと反論し有責配偶者には該当しないと争う場合も少なくない。

また，相手方の中には，申立人が有責配偶者であると主張しつつも，訴訟段階で証拠を提示することを念頭に，調停段階で手の内を知られたくないと考え，調停委員会に有責配偶者であるとの主張自体を申立人には伝えてほしくないと述べる当事者も一定割合いる。こうした事案では，こうした態度自体からも，相手方が調停での解決にはもはや期待していないことが窺える。

有責配偶者の主張が出る事案において，調停で解決することができるのは，申立人がそれなりの条件を提示し，かつ，相手方も条件次第との姿勢を見せたケースにおいて，その条件の折り合いがつく場合（ただし，そもそも離婚自体受け入れられないとして条件の話にすらならないことも少なくない），申立人に資産も収入もほとんどなく相手方が逆に見切りをつける判断をする場合などに限られることが大半である。後者は，相手方において離婚を維持しても実質的なメリットがない場合と言えよう。他方，前者の条件面の調整となる場合，その条件は金銭面や居住環境，子どもに関する配慮などに分かれる。また，条件に関して，相手方は婚姻している今の環境が離婚後も維持されることを求めることが多いように感じる。

Ⅵ　訴訟の実情

有責配偶者の離婚請求訴訟において，主に争点となるのは，①破綻の有無（有責配偶者のケースに限られるものではない），②有責行為の有無，③（不貞の場合）破綻後の事情であるか否か，④有責であったとしても離婚を認めることが相当と言える事情の有無，である。このほかに，双方に有責行為がある場合や有責行為について宥恕があった場合，有責行為から相当期間が経過するなど夫婦関係の破綻に影響がない場合に関して争点となることもある。

第2節　日本における有責配偶者からの離婚請求に関する裁判実務と問題

1　破綻の有無

　原告において長期間の別居や性格の不一致などが主張されることが大半であり，自らの有責性ある行為をもって破綻したと主張する当事者は個人的に見たことはない。

　別居が長期間にわたっている場合には，裁判官も破綻の心証を持つことが多く，被告においてそれでも破綻していない事情を積極的に主張立証する必要がある。他方，別居がまだ長期間ではない場合は，原告において積極的に破綻の事情を主張立証する必要がある。

2　有責性の有無

　原告が夫婦関係の破綻を主張するのに対し，被告において抗弁として原告に有責性があることを主張することになる。原告が不貞や暴力などの有責行為を否認する場合も少なくないが，有責行為があったことについての証拠が乏しく被告による立証が困難な場合も少なくない。

　また，原告において，有責行為を認めつつ，その原因が被告にあると主張するなど，有責との評価を争うこともしばしば見かける。

　さらに，どちらか一方のみに破綻についての有責性がある事案が多いわけではなく，実際は双方が他方配偶者にこそ破綻の原因があると主張し非難合戦になることもしばしばである。例えば，不貞した夫が離婚請求した事案において，同居中の妻や子の生活態度について考えが合わず，夫が車中泊するなどして疎外感を強め，夫婦関係が悪化していたような事情があったとして，夫の離婚請求は信義則上許されないとはいえないとした裁判例（静岡家浜松支判令和3年1月26日）もある。

3　破綻後の事情

　例えば，原告である夫が別居して別の女性と生活している場合，被告である妻が夫は有責配偶者に該当すると主張するのに対し，夫が関係を持ったのは別居後であると主張するなど，有責行為の時期について争点となる場合は少なくない。このように有責行為があった時期が破綻後である場合，有責行

第3章　日本における有責配偶者からの離婚請求

為が夫婦関係の破綻を招いたものではないため，有責配偶者からの離婚請求には当たらないと考えられる。そのため，原告である夫から上記の主張がなされた場合，被告である妻は夫婦関係の破綻前から原告である夫が他の女性と不貞していたことなどについても立証を要することになる。

　このほか，宥恕の主張が出る場合もある。例えば，夫が不貞したが反省し，妻も許して再度夫婦として婚姻生活を継続したものの，その後に夫婦関係がぎくしゃくするなどして別居し，夫が離婚請求した事案において，妻が夫の不貞を理由に有責配偶者からの離婚請求であると主張した場合に，夫が，妻は夫の不貞を宥恕し夫婦として再出発を図ったことにより有責性はリセットされており，有責配偶者には該当しないと反論することがある。また，有責行為が相当前の話であり，夫婦関係の破綻と関連性が乏しいとの主張が展開されることもある。

　これらは，有責行為によって夫婦関係が破綻したことが必要である（因果関係）という点に関する争点ということになろう。

4　離婚を認めることができる事情

　前述したように，裁判実務においては，離婚請求する側が有責配偶者に該当する場合であっても，①夫婦の別居が年齢・同居期間との対比において相当の長期間に及んでおり，②未成熟子が存在せず，③相手方配偶者が離婚により精神的・社会的・経済的に極めて苛酷な状態に置かれる等離婚請求を認めることが著しく社会正義に反するといえるような特段の事情が認められないなどの場合には，有責配偶者による離婚請求も認めている。③の要件に関しては，有責配偶者側が相当の財産を提示したり，住居など生活環境の維持のための提示をしたりすることも考慮要素となっている。

　この3要件に関しては，全ての要件を満たす必要があるとする裁判例もあれば，これらを考慮要素として位置づけ総合的に判断するという裁判例もあり，当事者も自らに有利な裁判例を参考に，要件に関する主張を展開する。長期間の別居については，当事者の年齢や同居期間にもよるが，10年程度が目安になっているとも言われている。

5　和　解

　日本の訴訟では，和解によって解決するケースが多い。特に離婚事件は，未成年の子がいる場合に子の状況に応じた柔軟な解決が望ましいケースがあるほか，財産分与において，例えば夫名義の住宅ローンが残っている自宅を妻が取得を希望したり，一定期間居住することを希望したりするケースや，夫婦でペアローンを組んでいるケースなど和解でなければ解決できない事案も少なくなく，和解による解決が望ましい事件類型と言える。

　有責配偶者による離婚請求の事案についても同様であり，たとえ離婚を求める側が有責配偶者であったとしても，夫婦としての実態はなく夫婦関係が修復され円満になることは望めないような事案においては，いずれ離婚は避けられない可能性が相当程度あるのであり，そうであれば条件を調整して早期に解決するのが双方当事者にとってよいとも考えられ，和解による解決を模索することが少なくない。

6　課題・対応策

(1)　時代の変化と裁判実務の変容

　かつては，裁判所は有責配偶者による離婚請求を認めない傾向が強かったが，その後，夫婦それぞれの有責の程度を勘案して判断するようになり，最大判昭和62年9月2日民集41巻6号1423頁では，前述した3要件の基準が示された。その後の裁判例は，3要件に依拠しつつ個別事案に応じて判断が出されている。

　個人的に，このような裁判例の変遷の背景には，日本社会における家族の変化もあるように感じる。かつては離婚請求をする有責配偶者の大半は夫であったところ，夫が仕事をして収入を得，妻は家庭に入って家事育児をするという家族のスタイルが一般的であった時代は，夫は離婚しても収入や社会的地位を失わない一方で，妻はそれらがないまま婚姻関係から放り出されてしまうということには，裁判所も抵抗感が強く理不尽性を感じ，その結果，夫からの離婚請求を認めることについて厳しく考える傾向にあったのではないかと思われる。しかし，女性の社会進出が進み，家庭においても共働きが

珍しくない現代においては，上記考えがそのまま妥当するものではなくなってきており，また判断する裁判官も年代等により少しずつ価値観が変化しつつあるようにも思われる。

前述のとおり，最近の裁判例の流れとしては，個々の事案や主張立証によって離婚請求を認める判断，認めない判断がそれぞれ出ている。裁判官によって価値観や考えは異なるところであり，代理人として個別の事案の対応にあたる場合，離婚請求が通るかどうか見通しを立てることが難しい場合も少なくない。調停，訴訟を経て判決が出るまで結論はわからず，さらには高裁で判断が覆ることもあり，当事者も予測可能性がつかず，その間不安定な状況下が続くことになる。これは手続の長期化ともあいまって当事者に大きな負担となっているように感じる。

(2)　長期的な視点に立った解決とその難しさ

さらに，裁判所において有責配偶者の主張が認められ離婚請求が棄却されたとしても，その判断は生涯にわたり離婚を認めないことまでをも意味するものではない。離婚を求めて訴訟まで繰り広げた当事者が，離婚を諦め関係を修復することはほぼ考えられず，時間をおいて再度離婚を求めることとなり，いずれはその請求は裁判所においても認められることになる。将来のことは予測不可能であり，離婚となるのがいつの時点かわからず，そのときの条件が離婚を求める側が当初の離婚請求時に提示していた条件と同じあるいは更によい条件であるとは限らない。離婚を求められる側の代理人となるとき，こうした長期的な視点も念頭に，現時点で最大限の条件を提示した上で応じたほうがよいのかどうか，今すぐ離婚することは難しいとしてもいつなら応じることができるのか，離婚するためにクリアする必要があることは何か（自立に向けた行動など），冷静に考えることの大切さも当事者に伝え，共に検討する。

また，調停，家庭裁判所での第一審，高等裁判所での控訴審，そして最高裁判所の上告審を全て終えるには，数年間は優にかかる。その間，別居期間は長くなり，子も年齢を重ねていくのであり，こうした時間の経過によって，例えば控訴審の段階では離婚請求が認められるだけの状況が整ってくること

もある。こうした観点から，調停や第一審の時点でより好条件を引き出した解決をしておいた方がよかった，となるおそれもある。その点からも，冷静な見通しや検討が代理人には求められる。

　他方，離婚を求める有責配偶者の代理人となる場合，婚姻期間・別居期間や有責行為の内容等にもよるものの，訴訟になった場合の見通しを伝えた上で，早期の離婚を実現するために，相当額の財産を提示したり，数年間は現在の居住状況を認めたりするなど，他方配偶者が受け入れやすく，また裁判所も相当と思うような提示の検討を当事者とともに行う。当事者も紛争の長期化は避けたいと考えており，その点の理解は得られるものの，実際の条件の検討となると他方配偶者への負の感情が強く，抵抗感を示すことも少なくない。

　冒頭で紹介したように，当事者の気持ちは複雑で強いものがあり，また(1)で述べたように裁判所の判断に対する見通しを立てることが難しいことも相まって，何が当事者にとっていい解決であるかは難しいと感じている。

（OMORI, Keiko／弁護士）

総　括

総　括

　第12回新・アジア家族法三国会議は，皆様のご参加のもと，充実した議論の末，成功裏に終わりを迎え，大きな成果を得ることができた。以下，本日の皆様のご報告につき簡単に総括をさせていただきたい。

　小川先生には，有責配偶者からの離婚請求に関する判例と解釈についてご報告いただいた。まず，有責主義と破綻主義の意義について説明され，そして有責配偶者からの離婚請求に関する２つの主な判例をご紹介いただき，日本の判例が否定的な態度から条件付きの肯定へと変化した過程を窺うことができた。次に，日本における離婚の形態につき説明された後，判例の動向についてご説明があり，別居期間については，昭和62年判決の40年から平成２年の最高裁判決では８年の別居で離婚が認められるようになっており，実務において破綻主義の傾向が徐々に強くなっていることが窺われる。最後に，離婚制度自体を抜本的に見直す必要性について，欧米諸国のように一定期間の別居により婚姻破綻を推定し，離婚を認めることで，裁判所での審理の負担を軽減すること，また，有責主義の離婚原因をなくすことで，離婚慰謝料の請求を認める余地がなくなれば，当事者が離婚について相手方を攻撃する必要もなくなる，とご提言なされた。

　大森弁護士には，有責配偶者からの離婚請求に関する裁判実務と問題についてご報告いただいた。まず，20年にわたる実務経験から，有責配偶者が離婚を請求する訴訟においては，離婚を求める側は破綻主義に近い考え方をしているのに対し，離婚を求められている側は有責主義に近い考え方をしているため，その解決は極めて困難であるとのご指摘があった。また，有責配偶者による離婚請求訴訟における主な争点として，破綻の有無，有責行為の有無，有責行為が破綻後の事情であること，有責であったとしても離婚を認めることが相当と言える事情の有無，の４点に整理されている。日本の裁判所はかつては有責配偶者による離婚請求を認めない傾向が強かったものの，最高裁昭和62年判決が３つの要件を示し，その後の裁判例はこの要件に基づき個別の事案に応じて判断がなされている。そして，このような裁判例の変遷は，社会における家族の変化を背景とするものであり，夫は外で働き，妻は

145

総　括

家庭で家事をするという家族のスタイルが一般的であった時代には，夫は離婚しても収入や社会的地位を失わない一方，妻はこれらがないまま放り出されてしまうことには，裁判所も抵抗感が強く，離婚請求に対して制限的であったが，女性の社会進出が進み，共働きが珍しくない現代では，こうした考えもそのまま妥当するものではなくなっており，裁判官も時代の変化に応じて価値観が変化しつつあるとご指摘された。

韓国の文興安先生には，韓国における有責配偶者の離婚請求に関する法制につきご報告いただいた。まず，裁判離婚の原因に関する立法の経緯については，裁判離婚の原因は民法が施行されてから本報告まで63年間改正されていないとのことであった。民法840条6号が定める「その他婚姻を継続し難い重大な事由があるとき」という離婚原因の法的性質については，学説上，有責主義説と破綻主義説の対立があることが紹介され，次に，実務の動向については，1965年判決が不貞行為に及んだ夫からの離婚請求を否定して以来，大法院は有責配偶者の離婚請求に否定的な態度を堅持しているが，韓国の社会的・経済的な変化に伴い，大法院が既存の有責主義の立場をなお堅持するのかが注目を集めている。そして最後に，離婚に対する意識が絶えず変化しており，今，有責配偶者の離婚請求を再吟味することには十分な価値があるとされ，韓国民法の制定過程において，相対的離婚原因を付け加えることによって破綻主義の導入を試みつつ，「裁量棄却条項」を置こうとしたことの意味として，裁判官による妥当な法の適用を信頼すること，この点を改めて考える必要性をご指摘された。

次に，禹柄彰先生には，韓国における有責配偶者からの離婚請求に関する裁判実務上の争点についてご報告いただいた。まず，大法院の2015年判決では，有責配偶者による離婚請求を認めない従来の立場を変更するには時期尚早であるが，婚姻制度の理想と信義則に照らして，その責任が離婚請求を排除しなければならない程度に至らない場合には，婚姻と家族制度が形骸化するおそれがなく，社会の道徳観・倫理観にも反しないと言えるから，例外的に離婚請求が認められるとされている。次に，有責配偶者の離婚請求に関する判例の変遷について，大法院は2000年代には有責配偶者の離婚請求を否定する態度を維持していたが，2009年以後は緩和の傾向が見られ，積極的破綻主義が拡大しつつあるとのことであった。そして最後に，有責配偶者の離婚

146

総　括

請求を否定し，回復不可能な婚姻関係を維持させることは，かえって婚姻の本質に反するものであり，相手方が離婚を拒否しているという事情だけで離婚請求を否定することは，婚姻（再婚）の自由を過度に制限するものであり，憲法の理念に反するとご指摘された。

　台湾の戴瑀如先生には，台湾における有責配偶者の離婚請求に関する法制につきご報告いただいた。まず，台湾の離婚法制の沿革について紹介され，次に，有責配偶者の離婚請求に関する現行法の規定について分析され，最高法院2006年度民事部会議決議が，双方の責任の軽重を比較した上で，責任がより大きい配偶者による離婚請求を認めないものとしているが，この最高法院の立場は，条文の文言を不当に拡張解釈して，離婚原因を有責主義の段階にとどまらせるものであると指摘された。次に，憲法法廷の2023年判決の内容を紹介され，この判決は専ら有責な配偶者という新たな判断基準を打ち立てたこと，またこの判決の後，既に最高法院は，責任がより大きい配偶者による離婚請求を認めなかった下級審の判決を不当として破棄している点を指摘された。最後に，立法論として，多数の先進国が既に積極的破綻主義に移行しており，台湾も社会が変化し男女平等が実現されている中で，家庭を守るという伝統的な女性に対して特別の保護を与える必要性が失われているため，今後は，積極的破綻主義の方向に進むべきであるが，無責配偶者の離婚後の権利を保護するための立法がなされる必要があるとご指摘された。

　魏大喨裁判官には，有責配偶者の離婚請求に関する裁判実務とその問題についてご報告いただいた。まず，1985年改正の前後における裁判実務の見解，同年改正後の学説の見解，そして2023年の憲法法廷の判決について分析をなされ，最後に結論として，本件判決は法規範に対する違憲審査であり，最高法院の決議や判決が違憲宣告を受けたわけではないが，従来の裁判実務において責任がより重い配偶者は離婚を請求することができないものとされていた点は，本件の憲法法廷の判決により実質的に廃止され，これからは援用することができず，もしこれを援用すれば違憲になるだろうと指摘されている。また，本件判決は伝統的な婚姻家庭観に立脚するもので，台湾社会の婚姻に対する一般の価値観に沿ったものであり，大多数の市民の支持を得られるであろうとされている。ただ，本件判決の真に重要な点は，憲法22条により保障される離婚の自由を放棄しなかった点にあり，婚姻の実質的な意義が失わ

147

れて，婚姻が形式的なものにすぎなくなっており，離婚を主張する配偶者にとって明らかに苛酷であるときは，離婚の自由が保障されるべきであるとして，本件判決を支持されている。

呂麗慧先生には，有責配偶者の離婚請求に関する法制の改正と課題についてご報告いただいた。まず，外国立法例を参照して，一定期間の別居を婚姻破綻の徴表とすることが既に離婚法の発展における必然的産物となっていること，しかし，別居を婚姻破綻の徴表とするとすれば，別居制度と密接にかかわってくるため，台湾で長年の懸案となっている「別居法草案」について詳しい研究がなされる必要があること，そして，積極的破綻主義を採り，一定の別居を婚姻破綻の徴表とするのであれば，包括的な立法のあり方として，同時に別居制度を創設することも考えられるとされている。次に，ドイツ・フランスを例として，積極的破綻主義を採る立法例においては，その緩和策として苛酷条項が設けられることが多いが，イギリス・アメリカにおいては苛酷条項は設けられていないことから，苛酷条項は，相手方配偶者や未成年の子について離婚により生じる苛酷な状況に対して，離婚を認めないことにより救済を図るものであるが，既に破綻した婚姻を解消することができないという弊害をもたらし得るものであって，立法上採用できないものではないが，より慎重であるべきとご指摘された。

以上7つのご報告の内容はどれも大変素晴らしく，多くのことを学ばせていただいた。ご報告いただいた7名の先生方に敬意と感謝の意を表させていただく。最後に，日本加除出版様の長きにわたるご支援があってこそ，アジア家族法三国会議は今日まで継続することができた。尾中会長，和田社長，そして日本加除出版の皆様に心から御礼を申し上げる。

2024年7月

輔仁大学法律学院栄誉講座教授　　林　　秀　　雄

summary

The legal regulation for the responsible spouse who request divorce -Legislative history, provisions, characteristics and subsequent development of the current law

TAI, Yu-Zu

(Professor, College of Law, National Chengchi University)

This article is divided into three parts. Firstly, it provides an overview of the legislative evolution in Taiwan's divorce laws, transitioning from a fault-based divorce to a no-fault divorce. It traces the historical development from the traditional feudal patriarchal society's divorce laws, characterized by fault-based liability, family collectivism, and male dominance, to the current Civil Code that emphasizes gender equality and shifts towards a fault-based approach with individualistic elements.

Secondly, it analyzes the existing legal provisions regarding whether a spouse at fault can request a divorce. It explains that under the no-fault divorce system, in pursuit of fairness, there are prohibitions on allowing the party responsible for the marital breakdown to request a divorce. Paradoxically, in judicial practice, these prohibitions expand the circumstances in which a spouse at fault can seek a divorce. In cases where both parties share responsibility for the breakdown of the marriage, a comparison of their respective levels of fault is made, and the one with greater fault is prohibited from filing for divorce. This outcome has had a profound impact on Taiwanese society, leading to constitutional challenges in divorce cases, initiated both by the parties involved and by the judiciary.

Finally, it discusses the subsequent developments following cases where a spouse at fault requests a divorce, specifically examining the content of Constitutional Court Interpretation No. 4 of 112 (2023). It elaborates on the effects of this interpretation on the judicial and legislative branches.

149

サマリ

Judicial Practices and Issues Regarding Divorce Claims from the Culpable Spouse —Commentary on and Impact of the Constitutional Court Judgment 112-Hsien-Pan-4—

WEI, Ta-Liang

(Supreme Court Judge & Court President)

In 1985, "substantial reasons that would make it difficult to maintain the marriage" was added to Article 1052, Paragraph 2 of the Republic of China Civil Code as a reason for divorce, but a divorce claim from the culpable spouse was eliminated under the proviso. From a legal interpretation standpoint, there has been a considerable debate over whether this provision falls under positive breakdown-oriented approach or not, and in judicial practice, divorce claims from the more culpable party have historically been denied. However, parties who have gone through divorce proceedings have filed constitutional lawsuits, arguing that this provision contradicts the freedom of divorce guaranteed by Article 22 o the Constitution. In the Constitutional Court Judgment 112 (2023) -Hsien-Pan-4, it was ruled that since there is no explicit provision in the proviso that addresses extreme harsh situation, and the protection of the freedom of divorce primarily for the culpable spouse is inadequate, it infringes on the constitutional right of free marriage. Therefore, the legislative body was instructed to make amendments within two years.

summary

The amendments and issues on Divorce Law regarding divorce requested by the blameworthy spouse – review of the introduction of separation and "the harsh clauses" in No Fault Divorce Law

LU, Li-Hui

(Professor, Department of Law in National University of Kaohsiung)

The implementation of the positive No Fault Divorce Law means elimination of the stereotype of fault-based divorce law and also follows the modern concept of personal freedom and the world trend of divorce law. However, when introducing the positive No Fault Divorce Law, two major problems arise. One is how to identify the breach of marriage, and the other is if dissolution a break-up marriage results in material or mental cruelty to the spouse or children, should the court still grant divorce? In 2023, Taiwan's Constitutional Court's Judgment No. 4 also gave clear instructions on the development of the above-mentioned No Fault Divorce Law and the related separation and "the harsh clauses" issues. This judgement has a significant and far-reaching influence on Taiwanese's No Fault Divorce Law. This article, therefore, intends to analyze and review separation and "the harsh clauses" in three directions. The first is the discussion of the basic principles, the second is the introduction and inspiration of foreign legislative cases, and the third is the practical feasibility of our country's divorce law. Finally, based on the above discussion, this article concludes that taking the swing of No Fault Divorce Law - separation and "the harsh clauses", we will position separation as a symptom of breach as a manifestation of the positive No Fault Divorce Law, and the restraint of "the harsh clauses" as a retreat from the positive No Fault Divorce Law. This article also proposes the future development direction of Taiwanese's No Fault Divorce Law.

サマリ

Legislation regarding divorce claims from the blameful spouse --Rules and characteristics of the current law

MOON, Heung-Ahn
(Emeritus Professor of Law School of Konkuk)

The introduction of breakdown as a cause for judicial divorce in Korea began with the Legislative Policy on Kinship and Inheritance Law and the Basic Outline of Kinship and Inheritance Law. It has remained in place to this day through the process of enactment of the Civil Code in 1952, the government draft of the Civil Code in 1953, the deliberation summary of the National Assembly's Civil Code Review Subcommittee in 1958, and the Civil Code in 1958.

In 1957, the National Assembly Legal Affairs and Judicial Affairs Committee's report on the results of deliberations on the Civil Code Bill stated, "In the past, when something bad happened to the other party, or the other party was responsible for something, a divorce was granted. Now, if it's deemed impossible to continue the marriage with such a person......, a divorce can be granted, even if he/she is not a blameful spouse. There is an explanation for the legislative background of the provision of relative causes of divorce: "Previously, it was so-called culpability, but this time we are trying to legislate irresponsibility.

While scholars agree on the legal nature of Article 840(6) of the Civil Code as a ruinous cause of divorce (affirmative theory), there is a split between the passive and active views on the judicial divorce claim of a negligent spouse based on marital ruin. As of 2015, the Supreme Court has reaffirmed its stance that a negligent spouse is not allowed to file for divorce.

152

Judicial Practices and Issues Regarding Divorce Claims from the Culpable Spouse

WOO, Byoung-Chang
(Sookmyung Women's University)

In South Korea, after the decision of the Supreme Court of Korea in 2015, divorce claims by the culpable spouse have been admitted under strict criteria.

From the time when divorce claims by the culpable spouse have been rejected, due to changes in academic theory, the strict fault-oriented approach showed a tendency to relax after 2009, and the legal principle of "relaxation and formulation of exceptional admissibility requirements" has been adopted.

This report introduces the evolution of the issues in court practice relating to divorce claims from the culpable spouse, as well as the arguments of academic theories and practice.

サマリ

Judicial Precedents and Interpretations Regarding Divorce Claims from Guilty Spouses

OGAWA, Tomiyuki
(Visiting Professor, Hiroshima University Law School)

Regarding the issue of divorce claims from guilty spouses, first of all, there are two major judicial precedents in the Japan: the so-called "stepping and kicking judgment" that denied the divorce claim from the standpoint of passive breaking theory, and the "Supreme Court Judgment of September 2, Showa 62 (1987)", which is said to be one of the major postwar changes in the history of Japan courts. After comparing these two precedents, I will examine whether or not it was a change of precedents.

In considering this issue, the structure and interpretation of Article 770 (Judicial Divorce) of the Civil Code (1) will be explained in detail. If Article 770 of the Civil Code applies, divorce will be granted, but after that, consider the general provisions of good faith and abuse of rights (2).

(1)

Civil Code

Part IV Relatives

Chapter II Marriage

Subsection 2 Judicial Divorce

(Judicial Divorce)

Article 770

(1) One party to a marriage may independently initiate an action for divorce only in one of the following cases:

(i) if the other spouse commits adultery;

(ii) if the party has been willfully abandoned by the other spouse;

(iii) if it has been unclear whether the party's spouse is dead or alive for three or more years;

(iv) if the party's spouse is suffering from severe mental illness and there is no prospect of recovery; or

(v) if there are any other material grounds that make it difficult for the marriage to continue.

(2) Even if any grounds as set forth in items (i) through item (iv) of the preceding paragraph are present, the court may dismiss a divorce filing if, taking into consideration all circumstances, it finds it to be reasonable for the marriage to continue.

(2)

Civil Code

Part I General Provisions

Chapter I Common Provisions

(Fundamental Principles)

Article 1

(1) Private rights must be congruent with the public welfare.

(2) The exercise of rights and performance of duties must be done in good faith.

(3) Abuse of rights is not permitted

サマリ

Judicial Practices and Issues Regarding Divorce Claims from the Culpable Spouse

OMORI, Keiko
(Attorney-at-Law)

In Japan, the perspectives of the parties involved in divorce clash between the party seeking divorce and the party being sought after for divorce, making it difficult to resolve the issue. The former tends to lean towards a breakdown-oriented approach and the latter tends to lean towards a fault-oriented approach. Japanese proceedings take the conciliation-first principle, and if conciliation fails, a divorce lawsuit is filed. Based on experience, I will report the actual situation of conciliations and lawsuits.

In divorce lawsuits, there was once a strong tendency to reject divorce claims from the culpable spouse; however, since the Supreme Court's decision on September 2, 1987, individual judgments have been made while relying on the three requirements outlined in that decision. In connection with the change of times, society and values, judgments recognizing or rejecting divorce claims have been made depending on the individual circumstances or the evidence and assertions presented. This has made it increasingly difficult to predict whether a divorce claim will be successful, and it places a significant burden on the parties involved. Additionally, it is highly challenging to take a long-term perspective to determine what a favorable resolution for the parties

有責配偶者からの離婚請求

2024年9月30日　初版発行

編　者	新・アジア家族法三国会議
発行者	和　田　　　裕

発行所　日本加除出版株式会社
本　社　〒171-8516
　　　　東京都豊島区南長崎3丁目16番6号

組版 ㈱粂川印刷　　印刷・製本 スピックバンスター㈱

定価はカバー等に表示してあります。
落丁本・乱丁本は当社にてお取替えいたします。
お問合せの他、ご意見・感想等がございましたら、下記まで
お知らせください。

〒171-8516
東京都豊島区南長崎3丁目16番6号
日本加除出版株式会社　営業企画課
電話　　03-3953-5642
FAX　　03-3953-2061
e-mail　toiawase@kajo.co.jp
URL　　www.kajo.co.jp

© 新・アジア家族法三国会議 2024
Printed in Japan
ISBN978-4-8178-4971-7

JCOPY　〈出版者著作権管理機構　委託出版物〉

本書を無断で複写複製(電子化を含む)することは、著作権法上の例外を除き、禁じられています。複写される場合は、そのつど事前に出版者著作権管理機構(JCOPY)の許諾を得てください。
また本書を代行業者等の第三者に依頼してスキャンやデジタル化することは、たとえ個人や家庭内での利用であっても一切認められておりません。

〈JCOPY〉HP：https://www.jcopy.or.jp、e-mail：info@jcopy.or.jp
電話：03-5244-5088、FAX：03-5244-5089

日本・韓国・台湾を中心にアジアにおける家族法諸問題の著しい変化と、関連する法制度をめぐる動き・課題を探り、学会と実務に寄与することを目的とした「新・アジア家族法三国会議」の成果を集約した書

[第9回]
養育費の算定と履行確保

新・アジア家族法三国会議 編
2020年11月刊 A5判 184頁 定価3,960円（本体3,600円）

[第10回]
離婚後の親子関係

新・アジア家族法三国会議 編
2022年9月刊 A5判 140頁 定価3,300円（本体3,000円）

[第11回]
超高齢社会に備えるための遺言及び信託の活用

新・アジア家族法三国会議 編
2023年9月刊 A5判 136頁 定価3,300円（本体3,000円）

日本加除出版　〒171-8516　東京都豊島区南長崎3丁目16番6号
営業部　TEL (03)3953-5642　FAX (03)3953-2061
www.kajo.co.jp